今さら聞けない
社会人としての100のタブー

社会人マナー研究会 編

彩図社

はじめに

「社会人」には、様々な責任や不安が付きまといます。特に新入社員にとっては、毎日が慣れないことの連続。「自分は本当に一人前の社会人になれるのだろうか……」と心配になることも少なくないでしょう。厳しい就職活動を乗り越え、ようやく社会人になれたと思っても、心配の種は尽きないものです。

では、仕事にも慣れ、少しずつ大きなプロジェクトや後輩の育成に関わるようになれば、そのような不安は自然と解消されるのでしょうか？

実は、そうではありません。「こんなことを今さら先輩に相談しにくい」「後輩を育成していく自信がつかない」など、慣れてきたからこその不安を抱えている人は、意外と多いのです。

これらの悩み・不安の根本にあるのは、ズバリ「自信のなさ」。どうすれば自分に自信が持てるのでしょうか。

それは、「基本を固めること」です。当たり前すぎてついおろそかにしてしまいがちですが、「基本」は全てに通じています。いくら知識やテクニックを磨いても、「基本」がなっていなければ意味がないのです。

本書は、「忙しくて、基本を勉強し直す時間がない」「今さら恥ずかしくて聞けない」という方のために、社会人としてやってはいけない、基本的な「タブー」を100項目掲載しました。一つひとつをコンパクトにまとめてあるため、空いた時間にサクッと読み進めることができます。

この本があなたの疑問や不安を解消し、さらなる躍進の一助となれば幸いです。

社会人マナー研究会

今さら聞けない
社会人としての100のタブー
〈目次〉

第3章 電話・手紙・メール編

第4章 訪問・来客編

第5章 食事・おつきあい編

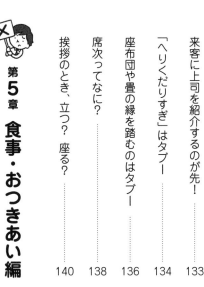

第6章　冠婚葬祭編

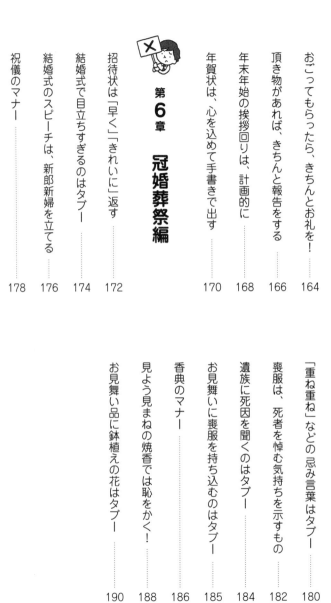

【第1章】

身だしなみ編

身だしなみは、とにかく清潔感が大事。シャツの汚れや靴底のすり減りなど、目立たない部分も意外と見られているものです。油断せず、細部にまで気を配りましょう。

No.001

だらしない格好はタブー

タブー度

新社会人になると、誰でも気合が入るものです。「どんどん知識を吸収して、早く一人前になろうと気合十分！」という方も多いことでしょう。それはもちろん素晴らしい心掛けなのですが、気持ちだけが先走ってしまうのはタブーです。

「気持ち」と同じくらい大切なのが、「身だしなみ」。**その人の第一印象の良し悪しは、全て「身だしなみ」にかかっていると言っても良いでしょう。**他人と接することの多いビジネスの場において身だしなみが整っていないようでは、いくらやる気があっても相手に伝わらないどころか、会社の教育方針まで疑われかねません。

帰宅したら、脱いだスーツはきちんとハンガーにかけ、型崩れしないようにしましょう。シャツは、ジャケットを羽織れば見えないからと横着せずに、洗濯したら全体にアイロンをかけます。もちろんズボンも同様です。こういったことは日々意識して取り組むことで、自然と習慣になります。**面倒くさがらずに、毎日丁寧に続けていきましょう。**

No.002

ハンカチやティッシュは必需品！

タブー度

身だしなみを整えて、いざ出社……と意気込んだのは良いですが、ちょっとストップ。社会人として最低限の必需品は持っていますか？

例えば取引先で出してもらったお茶をこぼしてしまったとき、ハンカチやティッシュを持っていなかったらどうなるでしょうか？ 気をつかわせてしまう上に、相手方のタオルを借りる必要も出てくるでしょう。これでは、二重にも三重にも迷惑です。

こんなことでは、とても立派な社会人とは言えません。あらゆる事態を想定して準備をしておくというのは、社会人にとって非常に重要なことです。

あれもこれも詰め込んでカバンやポケットが整理できないようではいけませんが、**社会人としてハンカチやティッシュ、染み抜きなどは常に持っておいた方が良いでしょう。**また、必要な方は常備薬も忘れずに携帯するようにします。

不測の事態にも臨機応変に対応できる、スマートな大人になりましょう。

No.003

大切なのは清潔感 男性フォーマル

タブー度

入社時に買った高くて良いスーツをよれよれになるまで着続けているAさんと、高級ではないが何着かのスーツを持っていて、それを着回しているBさん。社会人としてお手本にするべきは、どちらでしょうか。

正解は、Bさんです。最も大事なのは、清潔感を保つこと。**身だしなみの清潔さは、その人の「信頼度」や「誠実そうなイメージ」に直結します。**常にさわやかな印象を与えられるよう、細かいところまで気を配りましょう。

ただし、「それならジャケットや髪形など、とりあえず目に付くところだけを整えておけば良いか……」という考え方はタブー。シャツの細かい汚れや靴底のすり減りは意外と見られているものなので、**「どうせ見えないだろう」という油断は禁物**なのです。

同じく重視すべきなのが、機能性。会社で長い時間着続けることを考え、着心地が良く、動きやすいものを選びましょう。

男性フォーマルの身だしなみ

ヘアスタイル
定期的に美容院へ行き、きちんと清潔さを保つようにしましょう。

シャツ
特に襟や袖口などは汚れが目立つので注意。アイロンも忘れずに。

ベルト
靴と同色が好ましいとされています。こちらもシンプルなものが◎

靴
カバンと同系色で揃えます。しっかり磨かれたものを着用しましょう。

スーツ
黒系の色が無難です。体に合ったサイズのものを選びましょう。

ネクタイ
派手すぎないものにします。緩めに結ぶのは、だらしないのでタブー。

時計
あからさまなブランド品は嫌味に感じる人がいるので注意。

カバン
黒が基本。書類が入りやすいなど実用性の高いものを選びましょう。

重要ポイント

最も大切なのは、清潔感。細かい部分まで気を配りましょう。
「高ければ良い」というわけではありません。

No.004

やりすぎ注意 男性ビジネスカジュアル

タブー度

最近では「スーツ必須」ではなく、「ビジネスカジュアル」でもOKという会社も増えてきています。「うちの会社はビジネスカジュアルが許されているから、スーツよりも自分らしいおしゃれを楽しめる」と、気合が入っている人も多いのではないでしょうか。

ここで悩んでしまうのが、「どこまでのおしゃれなら許されるのか」という判断です。これには**明確な定義がないため、上司や先輩に確認してみると良いでしょう。**左ページに「標準的なビジネスカジュアル」のイラストを掲載していますので、これを基準に、自分の業種や周りの様子から判断し、適切な「ビジネスカジュアル」を目指しましょう。

ちなみに、「オフィスカジュアル」というよく似た言葉がありますが、これは「ビジネスカジュアル」に比べ、よりカジュアルな服装のことを指します。「オフィスにいて最低限おかしくない格好」と覚えておけば良いでしょう。

男性ビジネスカジュアルの身だしなみ

ヘアスタイル

ラフなスタイルが許されていても、手入れは怠らないように。

シャツ

淡いブルーなどであれば色付きも可。派手な柄は控えましょう。

ベルト

ズボンと同系色のものにすると、全体的に引き締まって見えます。

靴

革靴はフォーマル同様、カバンと同系色のものを選ぶのがベターです。

ジャケット

着用する場合は、きちんとサイズの合ったものを選びましょう。

ズボン

自由度は高めですが、ダメージジーンズなど派手なものはタブー。

時計

フォーマル同様、あからさまなブランド品は避けるのがベターです。

靴下

派手すぎるものでなければ、色や柄を取り入れてアクセントにも。

重要ポイント

自由度は高いですが、やりすぎはタブー。
あくまで「働くのに適した服装」を心掛けましょう。

No.005

選択肢が多い 女性フォーマル

タブー度

女性のスーツは「スカート」と「パンツスタイル」があったり、シャツをブラウスやカットソーで代用できたりと、男性よりも選択の幅がぐっと広がりますが、その分「何を着ていくか迷ってしまう」という方も多いのではないでしょうか。

確かに女性のスーツスタイルは難しいところもありますが、**基本や特性を押さえることができれば、シチュエーションに合わせて着まわせる強い味方にもなってくれます。**

自分らしく、上品な着こなしを目指しましょう。

ただし、男性も同様ですが、あまり新人のうちからおしゃれに気をつかいすぎるのは良くありません。

あくまでも、「職場に適した服装」「仕事がしやすい服装」を心掛けましょう。

女性フォーマルの身だしなみ

ヘアスタイル

仕事の邪魔になる場合は、縛ったり耳に掛けたりしましょう。

シャツ

職場によっては、派手過ぎないブラウスやカットソーでもOKです。

ズボン

パンツスタイルの場合、身体にぴったりしすぎないサイズを選びます。

靴

歩きやすさを重視した、足に合ったものを選びましょう。

スーツ

男性同様、黒系で体に合ったサイズのものを選ぶと良いです。

スカート

座ったときに膝が隠れる程度の長さがあるものを選びましょう。

時計

男性同様、あからさまなブランド品は嫌味っぽいので注意。

カバン

男性同様、黒が基本です。こちらも実用性の高いものを選びましょう。

重要ポイント

選択肢は多いですが、着回しをマスターすることで様々な場面に対応できる強い味方になってくれます。

No.006

どこまでOK？ 女性の小物・メイク

タブー度

イヤリングやネックレス、さらにはオフィスに適したメイク術まで……。職場での服装において、女性はなにかと気をつかうことも多いものです。

全てのアイテムに共通して言えるのが、**「さりげないおしゃれは華やかな印象を与えることができるが、やりすぎるのはタブー」**ということ。あまり高価で派手な小物を身に着けていると、「嫌味っぽい」と思われかねません。一方で、あまりに飾り気がなさすぎるのも「だらしない」という印象を与えてしまう可能性があります。このあたりのバランスは、難しいところです。

近年は職場の女性のおしゃれに対して寛容になってきたことに加え、「女性にばかり身だしなみを押し付けすぎだ」という意見もよく聞くようになりました。左ページに「一般的に言われる最低限のマナー」を掲載しましたので、これを基準に、**職場の雰囲気に合った自分なりの身だしなみを模索してみてください。**

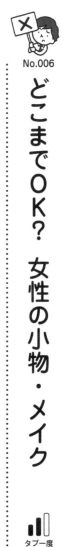

女性の小物・メイク

メイク

控えめなメイクがベターですが、完全なすっぴんは考えもの。だらしない印象を与えてしまう可能性があります。

ピアス・イヤリング

職場にもよりますが、基本的に付けないのがベター。付ける場合は、派手すぎるものや長くぶら下がるものは避けましょう。

ネックレス

あからさまなブランド品やモチーフが大きすぎるものは、嫌みな印象を与えてしまう可能性があるので注意が必要です。

ネイル

ネックレス同様、さりげない華やかさを演出する程度にしましょう。ラメやストーンは避け、肌になじむ色にするのがベターです。

ストッキング

ビジネスシーンでは、基本的に素足はタブー。ナチュラルな肌色が良いでしょう。替えを持っておくと、より安心です。

重要ポイント

大切なのは、さりげない華やかさ。
職場の雰囲気に合ったオシャレを心掛けましょう。

No.007

だらしないクールビズはタブー

タブー度

近年は「クールビズ」という言葉が広く浸透し、「夏場はジャケットを着なくても良い」「ネクタイはしなくても良い」といった企業も増えてきています。より働きやすい環境作りは、どんどん進めていくべきだと言えるでしょう。

とはいえ、**「クールビズだから」と油断して、だらしなく見えてしまうのはタブー。**

熱中症や脱水症状に気を付けるのはもちろんですが、**「涼しさ」を重視するあまりシャツのボタンを開けすぎたり、極端に短いスカートを履いたりしているようでは本末転倒です。**

さわやかで涼しげな、「清潔感のあるクールビズスタイル」を心掛けましょう。

クールビズの身だしなみ

ジャケット

着用しなくて良い場合が多いですが、来客応対など万が一に備えてロッカーに一着置いておくと安心です。

シャツ

サイズが合っていないと不格好なので注意。また、透けてしまうような派手なインナーはタブーです。

ズボン

チノパンなどが許可されている会社もありますが、いくら暑くても短パンやミニスカートはタブーです。

持ち物

汗を拭くタオルやハンカチは忘れずに。制汗剤などを使い、においにも気を配りましょう。

重要ポイント

暑さ対策は重要ですが、だらしない格好はタブー。
爽やかで清潔感のある身だしなみを心掛けましょう。

No.008

香水は、ほんのり香る程度に

タブー度

「目には見えないからこそ、かえって気になってしまうのが他人のにおいです。

自分では気づかないことも多く、油断してしまいがちですが、常に気を配っておく必要があります。

代表的な例が、香水です。

男女問わず多くの人が使っている香水ですが、あくまでも仕事の邪魔にならないよう、控えめにつけるのがマナー。「香水＝高級品」というイメージを持っている人は多いので、あまり香水臭いと「鼻につく感じの人」「プライドが高そう」といった悪い印象を与えてしまいかねません。**ビジネスシーンでは華やかすぎる香りは避け、清潔でさわやかな印象を与えるようなものを選びましょう。**

適量は、体温の高い箇所に1～2プッシュ程度。こすって付ける人をよく目にしますが、香りが長持ちしなくなるので避けた方が良いでしょう。

【第2章】

仕事の基本 編

挨拶、整理整頓、敬語の使い方……。基本中の基本だからこそ、ついおろそかになってしまうものです。慣れてきても気を緩めず、初心を忘れないようにしましょう。

No.009

学生気分の自己管理はタブー

タブー度

一般的に「正社員」は「アルバイト」に比べて昇給や福利厚生《ふくりこうせい》などの待遇が厚く、より安定した生活を送ることができますが、その分個人が負う「責任」は重くなります。会社を代表する一人として、キャリアを重ねるごとにより重大な仕事を任されていくことになるでしょう。

「責任」が生じるのは、仕事についてだけではありません。**「社会人」はプライベートのことも、自分で管理していかなくてはならなくなるのです。**学生時代のように親や学校に任せっきりというわけにはいきません。

自分の健康と時間の管理は、その代表的な例と言えるでしょう。

「昨日は飲みすぎて二日酔いだから、今日は休もう……」

「友だちからの急な誘いに、どうしても顔を出したい……」

これでは立派な社会人とは言えません。会社に迷惑が掛かりますし、あなた自身の責任感も

疑われてしまいます。

もちろん風邪や病気などは仕方ない場合もありますが、できる限り予防をして、健康的なサイクルで生活できるよう心掛けましょう。

こんなことを言うと、「社会人ってたいへんだなあ」と肩を落としてしまうかもしれませんが、もちろんつらいことばかりではありません。社会に出たからこそ得られる喜びもたくさんあります。

責任が生じるということは、その分あなたが期待されているということ。入社直後はそれどころではないかもしれませんが、慣れてくると徐々に「やりがい」が見えてくるものです。自分の仕事が社会に貢献しているという実感は、**何にも代えがたい喜びを与えてくれるでしょう**。

自分らしく、「やりがい」を持って働ける環境づくりができるようになると、より世界が広がります。

No.010

仕事とプライベートの混同はタブー

タブー度

彼女にフラれてしまったAさん。ショックのあまり仕事が手につかないようで、午前中に予定していた取引先との打ち合わせをすっかり忘れていました。もちろん相手は怒り心頭。後日、上司はAさんを連れて謝りに行くことに……。

このように、**プライベートな問題を職場に持ち込んでしまうと、トラブルが起きがちです。**周りは必要以上に気をつかってしまいますし、また、そういったネガティブな感情は、他人にも伝染してしまうもの。職場の空気は、間違いなく悪くなってしまうでしょう。感情に流され、冷静に仕事ができないのはタブーです。

一方で、仕事をあまりプライベートに持ち込みすぎるというのも考えもの。休みの日にはあまり仕事の話をしたくないという人もいますし、しっかりとリフレッシュすることで、行き詰っていた仕事が上手くいくということもあります。程よいバランスで、双方を充実させるというのが理想的なスタイルではないでしょうか。

No.011

「仕方ない」と手を打たないのはタブー

タブー度

日曜日の夜テレビを見ていると、「明日は台風が直撃する恐れが……」という予報が。「電車が遅れるかもな」と思いながら、Ａさんはそのまま寝ることにしました。

翌日いつも通り駅へ行くと、電車は案の定遅れています。「台風じゃ仕方ない」とＡさんは遅れて出社したのですが、会社に着いてびっくり。周りはみんなタクシーや別の路線を使い、きちんと定時に出社していたのです。

このケースでＡさんは、一つタブーを犯しています。それは、前日にはすでに台風のことを知っていたのに、「仕方ない」と何の手も打たずにいつも通り出社したこと。**回避できそうなトラブルは、できる限り手を尽くして回避しようと努めるのが社会人の心得です。**

もちろん仕方ないケースもありますが、「本当に仕方ないのか？」と一度考えてみる癖をつけるようにしましょう。

No.012

「すみません」＝「ありがとう」ではない

タブー度

「当たり前すぎること」は意外とおろそかにしてしまいがちですが、「きちんと挨拶をすること」も、その一つだと言えるでしょう。気持ちの良い挨拶ができると、それだけでその人の印象は格段に良くなります。しかし、そんな挨拶には、日常的に間違えて使ってしまっているものもいくつか存在します。

例えば、日本人は謝罪するときも感謝するときも「すみません」を使ってしまいがちです。**照れくさいと感じても、きちんと「ありがとうございます」と言えるように心掛けましょう。**相手に与える印象も格段に良くなるはずです。

もう一つよく見かけるのが、相手に対して「どうも」と挨拶をしている場面。実は**「どうも」は、感謝や謝罪の言葉につけて意味を強調するための語で、単独では挨拶として機能しません。**馴れ馴れしい印象も受けるので、控えた方がベターです。

心のこもった自然な挨拶ができる大人を目指しましょう。

No.013

会社で「若者言葉」はタブー

タブー度

上司「○○社へ営業に行ったんだね、どうだった?」
新人「マジで最悪って感じですね」
上司「……何があったの?」
新人「なんか担当者のAさんって人が、超感じ悪い人で。こりゃダメだな、みたいな」

新人がこんな口調なら、上司に呆れられてしまっても仕方ありません。

「マジで」「超」「みたいな」といった**「若者言葉」は会社でもついうっかり出てしまいがちですが、だらしない印象を与えるので、当然使うのはタブーです。**仕事と遊びのけじめをしっかりつけましょう。

No.014

敬語の基本をマスターしよう

タブー度

敬語の基本は「尊敬語・謙譲語・丁寧語」この三つです。

簡単に言えば、**相手を敬う＝尊敬語、自分をへりくだる＝謙譲語、そして「です」や「ます」などを付けた丁寧な表現全般を丁寧語**、と呼びます。

左ページに表を掲載しましたので、ぜひこの機会に基本をしっかりマスターしておきましょう。

加えて注意したいのが、頻繁に使う単語の敬語表現。慣れるまではなかなかスムーズに言えない表現の代表的なものとして「弊社」があります。**ビジネスシーンでは、基本的に自分の会社を「ウチ」などと言うのはタブー**です。

一方で、相手の会社は「御社《おんしゃ》・貴社《きしゃ》」と表現します。二つの違いですが、**話し言葉では「御社」、書き言葉では「貴社」と表現するのが一般的**とされています。

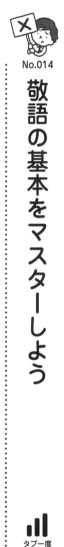

尊敬語と謙譲語の基本

相手を敬うのが尊敬語、
自分をへりくだるのが謙譲語。
混乱したら右の図を思い出して
整理しましょう。

	尊敬語	謙譲語
いる	いらっしゃる	おる
する	なさる	いたす
行く	いらっしゃる・おいでになる	参る・うかがう
来る	お見えになる・おいでになる	参る
言う	おっしゃる	申す
食べる	召し上がる	いただく
見る	ご覧になる	拝見する
聞く	お聞きになる	お聞きする・うかがう
知る	ご存じ	存じ上げる
借りる	お借りになる	拝借する
読む	お読みになる	拝読する
くれる	くださる・賜る	差し上げる
もらう	お納めになる	いただく・頂戴する

No.015

「お帰りになられる」はNG敬語！

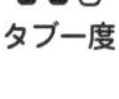

タブー度

新入社員と先輩の、ある日の会話……。

先輩「あれ、部長の姿が見えないけど？」
新人「部長なら、先にお帰りになられましたよ」

一見正しいやり取りに見えますが、**実はこの言い回しはタブー。「お帰りに」と「なられました」で、部長に対して二重に敬語を使ってしまっているのです。**

このような「間違いやすい敬語」は、数多く存在しています。

例文と一緒に左ページにまとめましたので、癖になってしまわないよう、今のうちに克服しておきましょう。

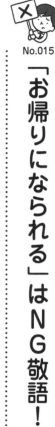

間違いやすい敬語

二重敬語・・・過剰に敬意を示してしまっている

× お越しになられる
○ お越しになる

謙譲語の誤用・・・相手側を下げてしまっている

× どうぞ、拝見してください
○ どうぞ、ご覧ください

～させていただく・・・使いすぎると過剰にへりくだって聞こえる

× 私が企画させていただいた
○ 私が企画した

アルバイト敬語・・・うっかり使いがち

× ～でよろしかったでしょうか
× こちらが資料になります
○ ～でよろしいでしょうか
○ こちらが資料でございます

No.016

世代間ギャップは会話で埋める

タブー度

「世代間ギャップ」とはその名の通り、育ってきた時代や環境が違う人との間に生じる、考え方のギャップのことです。特に上司と部下の間では避けて通れない問題ですが、これにはどう対処したら良いのでしょうか？

「上司が注いだ酒が飲めないのか！　だいたい、俺らの時代は……」

今では「ハラスメント」とされていることが、上司の世代では「当たり前」だったわけで、このような発言が上司から出てくることもあるでしょう。

しかしだからといって、**「もうこの人と関わるのはやめよう」と突き放してしまうのはタブー**です。会社という一つの組織で動いている以上、嫌でも関わっていかないといけない人はどうしても出てくるもの。上手に付き合っていく術を身につけましょう。

大切なのは、コミュニケーションです。距離が近づくことで、それまで気づかなかった相手の良いところが見えてくるというケースは珍しくありません。

上司とコミュニケーションが取れるチャンスは、やはり食事の時間でしょう。お酒の席は嫌だという人は、昼休みのランチに誘ってみるというのも一つの手です。

上司を「世代」で括ってしまうのではなく、「個人」として接することを心掛けましょう。

仕事の話だけでなく、プライベートの話で感覚を「共有」することも、距離を縮める上で効果的です。

こちらが歩み寄れば、向こうもきっとそれに応じてくれます。そもそも上司はあなたの「味方」であるはずですから、最初から突き放してしまっては勿体ないのではないでしょうか。

それでも「無理だ」と感じたら、社内の相談窓口などに訴えかけてみることを検討しましょう。

No.017

目を見て真剣に話を聞こう

タブー度

例えば隣のデスクの先輩から、

「今度の会議の資料に、追加で入れてほしい情報があるんだけど……」

と声をかけられたとき、あなたはどう受け答えをするでしょうか？　話を聞く姿勢にも、実は多くのマナーがあります。「自分は完璧にできている」と思っている人も、ぜひこの機会にもう一度確認してみてください。

まずはきちんと相手の方を向き、目を見て話を聞くこと。これは基本中の基本です。**自分が仕事をしているパソコンの画面を見ながら返事、などということは、絶対にタブー。**しっかりと聞く姿勢を相手に見せましょう。

次に、返事と相づちについてです。**うるさすぎてはいけませんが、大きな声でハキハキと返事ができるようにしましょう。**

相づちも、同じようにハキハキと。ただし、「はい、はい、はい」のように続けざまに反応しないように気を付けましょう。相手の話の妨げになりますし、きちんと話を聞いていないという印象を持たれかねません。

最後に、忘れがちなのがメモの準備です。

特に上司からのお願いやアドバイスを聞く際には、必ずメモの準備をしてから話を聞くようにしましょう。特に新人の頃は、メモを取る機会が多くなります。自分に合ったメモ帳とペンをあらかじめ見つけておくと良いでしょう。

ただしメモに集中しすぎて、下ばかり向いてしまわないように注意が必要です。時おり相手の目を見ることも忘れずに。

No.018

相手が話したがっていることを見極める

タブー度

会社の上司や取引先、同期社員との雑談から仕事のヒントを得るケースはたくさんあります。そのため、「雑談力」は社会人にとって必須のスキルと言っても過言ではないでしょう。

曖昧な相づちやオウム返しといった受け答えはタブー。「話がつまらない人間だ」と思われてしまうと、せっかくの雑談のチャンスを潰してしまいかねません。

相手から上手く話を引き出すコツは、「相手が話したがっていること」を見極めることです。そこを押さえた相づちや、場合によっては質問を挟むだけで、会話の盛り上がりは格段にアップします。

それを踏まえた上で意識すべきは、「話をいかに広げていくか」という点です。具体例に沿って考えてみましょう。

上司「娘の受験が大変でね」
新人「そうなんですね。娘さんはおいくつなんですか？」
上司「中学三年生。高校受験を控えてるんだよ」
新人「大変ですよね、高校受験。僕も苦労した記憶がありますよ」

この例で新人社員は、「娘さんの話がしたいんだな」と考え、話を広げるために質問を投げかけています。共感を示すために、自分の経験を織り交ぜるのも効果的です。ただし、ベラベラと自分の話ばかりしてしまわないように注意しましょう。

会社の人間と良好な人間関係を気付くことは、とても重要なことです。気持ちよく、円滑に仕事を進めていくためにも、ぜひ「雑談力」を磨いていきましょう。

No.019

知ったかぶりはタブー

タブー度

ある日、若手社員が会議でプレゼンをしていると、上司から質問がありました。
「ところで、そのデータはちゃんとエビデンスが取れてるの？」
若手社員は「エビデンス」の意味がわかりませんでしたが、「そんなことも知らないのか」と思われるのが怖くて「は、はい、もちろんです」と曖昧に答えてしまいました。

「知らない」「わからない」と正直に言うのは難しいことです。しかし、だからといって知ったかぶりをするのはタブー。特に責任の伴うビジネスシーンにおいて、知ったかぶりは禁物です。

あとでミスが見つかって迷惑を掛けるくらいなら、わからないことはその都度きちんと質問するようにしましょう。まさしく、「聞くは一時の恥、聞かぬは一生の恥」ということわざの通りです。

ただし、「それなら、わからないことは何でも聞いておけばいいや」という態度は良くありません。

確かに上司や先輩に質問して得られることはたくさんあります。しかしあまりに当たり前のことや、前に教えてもらったようなことばかり聞いていると、「この前、教えたじゃないか」「少しは自分で考えなさい」と怒られてしまっても文句は言えません。

加えて、なんでもすぐ人に聞いてしまうということは、自分が成長できるチャンスを潰してしまうということでもあります。技術や知識を身につける上で、自分で考え行動するというのは非常に大事なことです。

質問する前に、一度自分で考えてみる癖をつけておくと良いでしょう。

No.020

整理整頓は社会人の基本

タブー度

「この資料はどうせ後で使うし、デスクに置いておくか……」

このように、最初はキレイだった机も、だんだん荷物の山が形成されていってしまうものです。よく使う資料やファイルなどを、いちいち取りに行くのが面倒になって、自分の机に置いたままになっている人も多いのではないでしょうか。しかし、これは当然マナー違反です。

そもそも、**会社の資料や備品は置く場所が大体決まっていますが、これは社員がみんなで使うから、わかりやすいように決めている**のです。

それが一人の机に根を張ってしまうようでは、他の社員は使いたいのにまず「探す」ことから始めなくてはならなくなり、非常に迷惑します。探して出てくれば良いですが、ゴミと一緒に外へ出てしまったなどということがあれば、一大事。後悔しても、後の祭りです。

会社内、そして**自分のデスクは自分の部屋ではありません。**しっかり整理整頓を心掛けましょう。

No.021

相手が読みやすい字を書こう

タブー度

最近は文書や手紙などを手書きする機会はめっきり減りましたが、全くなくなったわけではありません。人への伝言メモや手紙の宛名、署名などは今でも手書きがほとんどです。封筒に住所を書いていて、「ああ、自分って字が下手だなぁ」と改めて思う人も多いでしょう。しかし「別に汚くたって良いんじゃない。そんなに書くわけじゃないし」などと開き直っているようでは、社会人としての自覚があるとは言えません。

手書きするのは、先述したとおり伝言メモや宛名・署名といった、他の人が見るものもあります。**人に見せるものを汚い字で書くのは失礼な行為です。**そもそも伝言メモの字が読めなくて相手に伝わらないのでは意味がありませんし、宛名があまりにも雑で汚いと、受け取った人も良い気分ではないでしょう。

たとえ字を書くのが苦手であっても、相手が読みやすいよう丁寧に書くことを心掛けましょう。そうすることで、グッと読みやすい文章になるはずです。

No.022

「PDCAサイクル」で現在地を確認

タブー度

特に入社したての頃などは、右も左もわからず「どんな段取りで仕事を進めて良いのかわからない」という状況に陥りがちです。そんなとき、一つの指針となってくれるのが、この「PDCAサイクル」。

簡単に言うと、**業務をPlan（計画）、Do（実行）、Check（評価）、Action（改善）の四段階に分け、これを続けることで仕事を継続的に改善する、**という考え方です。

プロジェクト全体の流れの中で、自分が今どこにいるのか。今やっている仕事はどうつながっていくのか。**「現在地」をしっかりと確認できる地図を、頭の中に持っておきましょう。**

「言われたことをただやるだけ」はタブーです。

PLAN
自分の実行すべき計画を立てる

自分の実績や将来ときちんと向き合った上で、計画を立てていきます。後に分析しやすいよう、数値などをできるだけ具体的に設定しておくと良いでしょう。

DO
計画を実行に移す

しっかり計画を練ったら、いよいよ実行に移します。ここで全力を尽くさなければ、後に分析をしてもその効果は薄れてしまいます。そのときのベストを尽くしましょう。

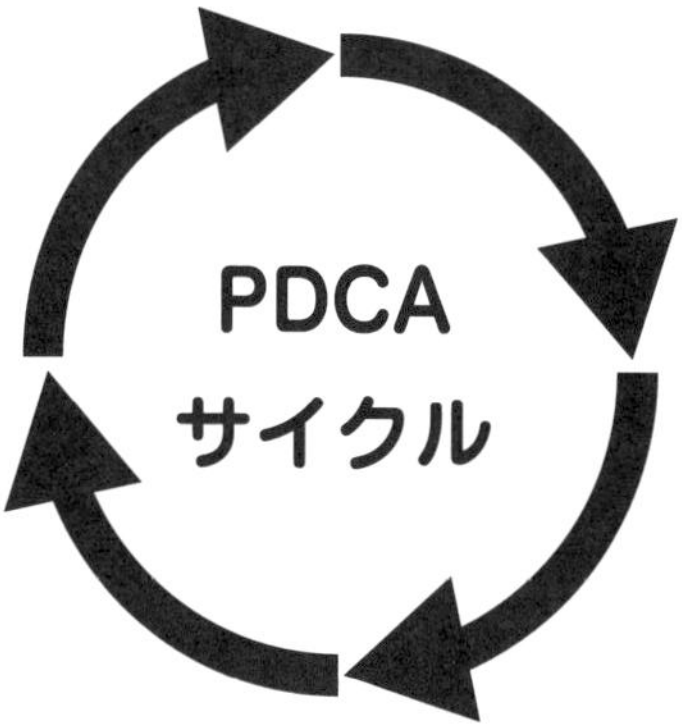

ACTION
評価を踏まえ、再び実行

分析を踏まえ、再度実行へと移ります。改善点に意識的になることで、着実にレベルアップすることができます。それでも足りなかった点は、次のプランへ持ち越します。

CHECK
上手く実行できたかを評価する

「計画に無理はなかったか」、「もっと効率を上げられなかったか」など、しっかりと振り返って分析をします。この作業を面倒くさがらずやることが、改善に繋がります。

No.023

「ＴｏＤｏリスト」で仕事の効率化！

タブー度

前項で紹介した「ＰＤＣＡサイクル」と同じように仕事の効率を格段に上げてくれるのが、「やるべきこと」をリストアップした「Ｔｏ Ｄｏリスト」です。

「自分は今、何をするべきか」を把握することによって、ゴールまでの道筋がはっきりと見え、モチベーションの向上にもつながります。特に新入社員にとっては強い味方になってくれる優れものですので、ぜひ上手な書き方をマスターして活用してください。

より良い「Ｔｏ Ｄｏリスト」を作成するためのコツは、**自分がやらなければならないことだけを明確に書く**ことです。

「あれもそのうちやらなきゃ」「これも不安だな」といった項目まで書き出しているとキリがありませんし、かえってその日の業務が散漫になってしまいます。

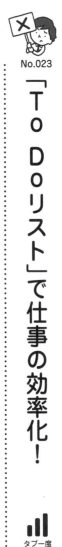

「今日やり切ること」という短期間のゴールを設定し、毎日リストを更新していくというやり方が良いでしょう。

また、「○○の改善」「△△を進める」といった、曖昧な項目を並べていくのは賢明なやり方とは言えません。**「どのように」の部分を明確化して書き出す**ことが、効果的な「Ｔｏ Ｄｏリスト」作りのポイントです。

以上のことを踏まえて項目を書き出した後は、「緊急の仕事」と「時間をかけたい仕事」とをしっかり見分け、優先順位をつけた上で着実に仕事を進めていきましょう。

ちなみに個人用のＴｏ Ｄｏリストは、急な書き込みにも対応しやすいよう、デジタルよりも紙をおすすめします。付箋紙などに書いて、デスクに貼っておくと良いでしょう。

ただし最近はアプリなど便利なものが多数開発されているので、「紙に書くだけでは忘れそう」「社内でリストを共有したい」といった場合は使ってみると良いかもしれません。

No.024

仕事は間に合わなければ意味がない

タブー度

「ゆっくり丁寧に、100%満足できるクオリティーのものを作る」というのは、素晴らしい心掛けです。しかし会社という組織においては、そんな素晴らしい心掛けがアダとなり、タブーを犯してしまうこともしばしばあります。

例えば、若手社員であるAさんとBさんがそれぞれ同時に「三時までに会議の資料を作っておいて」と頼まれたとします。

Aさんは、「頼まれたからには誰にも迷惑をかけず、完璧なものを作りたい！」と考え、上司や先輩に頼らず全て自分の力だけで完成させました。三時には間に合いませんでしたが、自分でも満足できる100点のものができました。

一方でBさんは、考えてもわからない点はすぐに先輩に質問し、こまめに確認してもらうようにしました。正直自分では「60点くらいかな……」という出来でしたが、なんとか指定された三時には間に合わせることができました。

この場合、どちらが社員として評価が高くなるでしょうか。

答えは、Bさんです。

仕事には基本的に「納期《のうき》」が存在し、それを守らなければ当然、周りに迷惑をかけてしまいます。今回の例は社内用の会議の資料でしたが、もしこれが社外から発注された仕事だったらどうでしょう。「こだわって作ったので遅れました！」では済まされません。

納期が設定された仕事では、「60点でも間に合った場合」と「100点だが間に合わなかった場合」では、前者の方が高く評価されるのです。

もちろん「時間内にできるだけ完璧に近いものを作ろう」という気持ちは大切ですが、意地を張らずに、わからないところは素直に質問する方が仕事はスムーズに進みます。

その際は、「お仕事中すみません。今お時間よろしいでしょうか？」といった丁寧な言葉づかいを忘れないようにしましょう。

No.025

報告は社会人の義務

タブー度

Aさんは、自分が担当することに決まった仕事のことについて、上司から質問を受けました。

「あの仕事の件だけど、相手には確認した？」

「はい、昨日電話しましたが、向こうも概ねこの案で構わないようです」と答えたところ、Aさんはなぜか上司に注意されてしまいました。


さて、上司は何を注意したのでしょうか。

答えは、「昨日電話したことを上司に報告していなかったこと」です。

会社の仕事を遂行するためには、社員間の「連携」が欠かせません。**「この仕事は誰がやっている」「いつ商談がまとまったか」といったことは、同じ仕事に関わる全ての社員が把握していないと、混乱やトラブルを引き起こす原因となってしまいます。**

冒頭のケースの場合、相手先に電話をした時点で、上司に「相手に電話をかけ」、「相手はこちらが提出した案で概《おおむ》ね賛成である」ことを伝えなければいけません。

さらに、「概ね賛成」ではあるが、「全て賛成」ではない理由、すなわち「どこに不満があるか」も忘れず伝える必要があります。

それを受けてこちら側は、相手の不満を踏まえて修正するか、あるいは相手の意見に非があればそれを指摘し、こちらの意見を通すかなど、今後の動きを練り直さなければいけません。短期間で進めなければならない仕事の場合は特に、素早い報告が求められます。

出張から帰ってきたとき、ミスが発覚したとき、体調を崩して欠勤した翌日など、何かがあるごとに、こまめに上司へ報告をする癖をつけましょう。

No.026

勝手な「直帰・直行」はタブー

営業職など、一日の大半を外で仕事する社員は、終業時間を外出先で迎えてしまうことも多いかと思います。そういったとき、あなたはどうするべきでしょうか。

① 遅くはなるが会社へ戻る
② 終業なのでそのまま帰る

正解は、①です。

外で仕事をするときは出張の場合を除いて、会社へ戻り報告・交通費の精算などをその日のうちに済ますのが基本的なルール。営業ならばどれだけ発注や注文が取れたか、何かトラブルはなかったかといったことを上司や同僚と確認します。

「それぐらいは翌日でも良いじゃないか」と思うかもしれませんが、トラブルなど、その日の

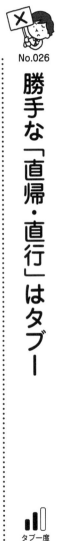

うちに解決しておいた方が良いこともあります。他者が関わるなら、早めに処置をするに越したことはないのです。

ただし、これはあくまで「基本的な」ルール。**会社や上司によっては電話やメールで報告をしたら帰ってても良いというスタイルをとっていることもあるので、流動的《りゅうどうてき》に対応しましょう。**

もしはじめから直帰したいと考えていたら、**前日までに「恐れ入りますが、明日、○○のために営業先から直帰したいのですが、よろしいでしょうか」と確認をします。**この際、「明日直帰します」と決めつけるのはタブー。あくまで「普通は帰社するところを、特別に帰らせてもらっている」という認識は持っておきましょう。

直行の場合も、必ず前日までに連絡すること。特に朝は会議をする会社も多いので、当日になって急に直行します、というのは周りの社員の迷惑にもなります。

また、会社によってはそもそも直帰・直行を許可していないところもあるので、会社のルールを確認しておきましょう。ただし、禁止されていないからといって、しょっちゅう直行直帰を繰り返していると、「本当にちゃんと定時で仕事を始めて、定時まで仕事をしているのだろうか」と疑われかねないので注意が必要です。

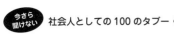

No.027

社外やネット上での情報漏洩に注意

タブー度

帰宅途中、電車で大学時代の友人とバッタリ。お互い社会人になってからはなかなか連絡も取れなかったため、久しぶりの再会に話もはずみました。

「仕事どう？」

「すごく忙しいよ。今度、初めて大きなプロジェクトに参加することになってさ」

「へぇ、すごいじゃん。どんなことやるの？」

「それがさ……」

初めての大仕事が嬉しかったのか、プロジェクトの内容を詳しく話す彼。友人も感心しきりで、話は大いに盛り上がりました――。

よくあるケースですが、**これが後に大問題に発展することがあります**。なぜだかわかるでしょうか。

理由は、「不特定多数がいる場所で、仕事の内容を話しているから」です。

会社を出ても仕事の話に熱が入るということは、それだけ仕事に情熱を捧げている証。それは大変良いことです。しかし、彼は同時に会社や仕事の〝秘密〟を暴露してしまっていることにもなるのです。

もし、彼らの近くに同じようなプロジェクトを進めているライバル会社の社員がいたらどうなるでしょうか。当然、ライバル会社の社員は彼らの話の内容に感づき、聞き耳を立てます。話の中に、自社に有意義な情報が含まれていたら儲けもの。翌日にはライバル会社の中で話が広まり、他社に勝つための対策を練るかもしれません。

このように、何気なく話したことが、思わぬところで思わぬ形に利用されてしまうとも限りません。もちろん、SNSでのつぶやきも同様です。

仕事内容や社員のプライベートな話は、軽々しく発信しないようにしましょう。

No.028

備品を私物化して持ち帰るのはタブー

トイレに入ったら紙がないので用具室を見ると、トイレットペーパーのストックが山積みされているのを発見。

そういえば、家のトイレも紙がなくなりそうなんだよな……。そんなとき、「一個くらいなら」と、ちゃっかりお持ち帰りしていませんか？

会社には、文房具や清掃用品、お茶など様々な備品が存在します。これらの**備品は業務用を注文してストックがたくさん置いてあるものですが、あくまでも全て会社用であり、自由に持ち帰って良いわけではありません。**

確かにティッシュ一箱、トイレットペーパー一個くらい、値段にしたらほんの数百円かもしれません。

しかし、その数百円を払っているのは会社であり、あなた自身ではありません。会社で使うトイレットペーパーをあなたが自腹を切って買うことがないように、会社はあなたが自宅で使うトイレットペーパーを買ってはくれないのです。

備品を勝手に持ち帰るのは、言ってみれば泥棒と同じこと。たとえティッシュ一箱であれ、持ち帰るのはタブーなのです。

自分のお金と、会社のお金。当たり前ですが、きちんと区別して使いましょう。

持ち帰ると言えば、個人情報や社外秘の情報の取り扱いにも注意が必要です。

家で仕事をしたいのでデータや資料を持ち帰りたいという場合は、「何をいくつ借りて、いつまでに返却するか」をきちんと上司に報告しましょう。

No.029

体調管理も立派な仕事

タブー度

「無遅刻・無欠勤・無早退」と聞けば、「立派な社会人だ」「まじめに仕事を頑張っている」といったイメージを持つかと思います。もちろんそれができるに越したことはないですが、うっかり風邪をひいてしまったりして、「皆勤賞《かいきんしょう》」への道は意外に険しかったりするものです。

そんな皆勤賞を目指しているのか、単に仕事が大好きなだけなのか、どんなにひどい風邪をひいていても会社へ来る人がたまにいます。

そんな人を見て、あなたならどう思うでしょうか。

「あんなに体調悪くても仕事するなんてエライなあ」

と思う人もいるでしょう。しかし、

「うつされたら嫌だなあ」

と思う人の方が多いのではないでしょうか。

そう、実は**周囲を気にしないで頑張りすぎるというのは、それはそれで考えもの**なのです。

皆勤賞を設けている会社は、もしかしたら「風邪ぐらいで休むなんて」という風潮があり、休みにくい環境かもしれません。そういった会社では、入ったばかりの新人などは特に休みづらい雰囲気があるでしょう。

しかし、**体調が悪いときに仕事をしても効率は上がらないし、ミスを犯す要因ともなりかねません。咳やくしゃみが止まらないような状態で1日中社内にいたら、他の人に風邪を移してしまう可能性も非常に高くなってしまいます。**

「このぐらいの不調がなんだ」と頑張る姿勢は良いですが、無理は禁物。しっかり休んで体調を整えることも、社会人としての大事なマナーなのです。

また、休むほどではなくとも、咳やくしゃみが出るようなら、きちんとマスクをするなどの気配りは必要です。

マスクは風邪の予防効果も期待できるため、空気の悪い通勤電車での着用もおすすめできます。

No.030

無断での欠勤や遅刻はタブー

タブー度

前項にも書いた通り、高熱を出してしまった、ひどくおなかが痛い……というときは、無理せず休養を取って早く治すことも社会人としてのマナーです。

ただしその場合は、「休む」「病院へ行ってから出社する」旨を会社へ連絡しなければいけません。**無断欠勤や無断遅刻は、あなたの評価を下げるだけでなく、「事故にでも遭《あ》ったのか」と不要な心配までかけてしまう**からです。

とはいっても、起き上がるのもつらいようなときは、電話をかけるのもひと苦労。

一人暮らしなら這ってでも電話をかけるしかないでしょうが、家族がいる人は、つい「お願い、苦しいから会社に休むって電話して～」と頼んでしまいがちです。

しかし、これは社会人として原則タブー。

特に上司が厳しい人だと、電話をかけたときに何か言われるのではないか、「仮病だ」と思われたら嫌だなあなどと考えてしまい、なかなか自分で電話をかけにくいかもしれません。

しかし社会人として、自分が勤めている会社への連絡ぐらいは自分でするのがマナーです。親がかけてきたら、会社も「本人が出られないほどヒドイのですか？」と心配してしまいます。加えて、欠勤なら欠勤で今日の仕事の引き継ぎなどを確認しなければならず、これは本人が電話しなければ伝えられないことでしょう。

もちろん意識が朦朧《もうろう》としている、救急車で運ばれているといった緊急事態なら話は別ですが、できる限り自分から、始業時間までに電話するようにしましょう。

また、体調ではなく**電車やバスの遅延が原因で遅刻しそうだという場合も、始業時間になってから電話をするのではなく、始業までに「どのくらい遅れるか」をきちんと連絡するようにしましょう。**

その際、鉄道会社やバス会社が発行する「遅延証明書」をもらうのを忘れずに。

No.031

ミスは素直に認めて成長につなげる

タブー度

小学校のとき、クラスでトラブルがあると、先生に目をつぶらされ、

「やった子は正直に手をあげなさい、出てこなければ全員帰れませんよ」

……と言われた経験は誰しも一度くらいはあるのではないでしょうか。

誰が犯人かは先生と当人しかわからないとはいえ、あの緊張感により「自分がきちんと言わないとクラスのみんなに迷惑がかかるんだ」という責任感が芽生えたはずです。

しかし、大人になるとその緊張感や責任感を忘れてしまうのか、**自分の非を認めたがらない人を意外に多く目にします。**

自分の作成した書類に不備があった、と上司がいつも以上に怒った顔でやってきたとき、あなたはつい、

「……いや、自分も関わりましたが、Aさんが最終的に見ているので……」

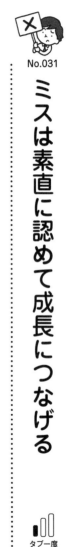

などと苦しい言い訳をしてはいないでしょうか。社会人として、これはタブーです。言い訳をしている姿は、傍から見ていても気分の良いものではありません。

さきほどの「Aさんが最終的に……」という言い訳も、Aさんからしてみたら「おいおい、俺のせいかよ」と気分を害するに違いありませんし、何とか回避できたと思っても、Aさんには「あいつは責任を人に押しつけるやつ」という印象が残ります。その場しのぎの言い訳が、後々まで響いてしまうのです。最悪の場合、言い訳やウソがさらなるウソを生んで、物事の収拾がつかなくなってしまうケースもあり得ます。

もちろん相手の言うことが事実と食い違っていたら訂正すべきでしょうが、**自分のミスはしっかり認めて謝り、自分で責任を取る**のが社会のマナーです。

失敗は誰もがしてしまうもの。「怒られるのが嫌」「失敗して自分の株が下がるのが嫌」と、失敗に対して後ろ向きにならず、その失敗を糧にしてさらに飛躍するぐらいの気持ちで仕事に臨めるようになりましょう。

No.032

「マニュアル人間」はタブー

タブー度

接客業や営業職など、人と接する機会の多い業種には、必ずといっていいほど「マニュアル」が存在します。顧客とのトークや電話応対などがこと細かく決まっていて、入ったばかりの頃はマニュアルを覚えるのに苦労した、という人も多いのではないでしょうか。

しかし勘違いしている人も多いのですが、**「マニュアルさえ覚えれば完璧」なわけでは決してありません。**

例えば、陽もどっぷり暮れた頃に店へ入ったら店員が、「いらっしゃいませ、おはようございます」と挨拶していた、すすめられた商品について尋ねたら、テープを巻き戻して再生したように同じことを最初から説明し始めた……というような経験は、誰もがあるのではないでしょうか。

「挨拶は、『いらっしゃいませ』だけでなく『おはようございます』をつけてさわやかに対応」「お客様が納得できるまで親切に説明」とマニュアルに書かれていて、そのまま実践しているのだろうなあ……と傍から見ていても感じ取れてしまう、いわばセリフを棒読みしているような状態です。

もちろん、マニュアルに沿って仕事をすることがいけないわけではありません。確かにマニュアルは心強い味方です。

しかし**あくまで、マニュアルはマニュアル。社員や店員に求められているのは、型にはまった対応ではなく、顧客のニーズや場面に応じた対応なのです。**

失敗をしたくないからとマニュアルどおりにしか動けないでいると、相手の信頼も得られません。

「自分が受けたい対応」を考えて、動いてみましょう。

No.033

タバコ休憩は節度を持って！

タブー度

隣のデスクのAさんは、仕事中何度も席を外します。トイレにしては頻度が高いと思うのですが、一体どこに行っているのでしょうか。

注意して観察していると、席に戻ってきたAさんからはタバコのニオイ。

そう、どうやらAさんは頻繁にタバコ休憩に行っていたのです。


あなたはこのAさんをどう思うでしょうか。

タバコ休憩が黙認されている会社も多いようですが、だからといって仕事中何度も席を外すのはタブーです。仕事への意識が低いと思われかねませんし、非喫煙者から「喫煙者ばかりズルい」と反感を買うことになってしまう可能性も否定できません。特に新入社員の時期は、たとえ喫煙者でも極力タバコ休憩は控えておくのが賢明だと言えます。

具体的な頻度やタイミングは会社によるとしか言えませんが、**昼食と一緒に済ませたり、周**

りが忙しい時間帯は避けたりと、非喫煙者には十分配慮しつつタバコ休憩を取るようにしましょう。

加えて、もう一つ気を配るべきポイントがあります。タバコ休憩から帰ってきたときのニオイのケアです。

非喫煙者からすると、**タバコのニオイは喫煙者が思っているより強烈**なもの。なかには「タバコのニオイを嗅いだだけで具合が悪くなってしまう」という人もいるくらいです。

「自分では気にならないから大丈夫だろう」と油断をしている喫煙者も多いかもしれませんが、これはタブー。

衣服の消臭剤や、口臭を防ぐためのミントのガムなどを常備しておき、周りに迷惑をかけないように配慮しましょう。

No.034

休暇はきちんと報告してから取る

タブー度

連休に有給休暇を足して、友人と海外旅行を計画したAさん。楽しみは膨らむばかりですが、休暇の直前でとんでもないことに気づいてしまいました。Aさんは、会社への休暇届を出していなかったのです。

前日になって、「すいません、明日と明後日旅行に行くので休ませてください」などと言っているようでは、「なんでもっと早く言わないんだ！」と思われても仕方ありません。

こうした突然の休みは他の社員の迷惑になるので、タブー。

急な病気や怪我、家族の不幸などであれば仕方ありませんが、あらかじめ計画していた予定なら、早めに休暇届を出すのが常識です。

届けの出し方は会社により異なりますが、「いつからいつまで、何のために休むか」を上司に伝え、申請するのが基本です。

しかし、早めに届けさえすれば大丈夫というわけではありません。

確かに有給休暇は社員の権利であり、いつどう使っても良いものです。しかし一方で会社側には、社員が休むことで業務に支障が出る場合、休暇の日程を調整してもらうことができる権利もあるのです。

仕事が忙しい時期に休みを取れば、その分他の社員が大変になるのは目に見えています。仕事は基本的に一人でできるものではないので、年末や期末など、あらかじめ忙しいとわかる時期には休暇を控えるといった気配りが必要になる場合もあります。夏季・冬季休暇も、実家暮らしの人や帰省予定がない人は帰省する人の日程を優先させるなど、他の社員と休みを調整する必要が生じる可能性があるということは覚えておいた方が良いでしょう。

休暇届が受理された後は、休み中の仕事をどうするか、よく確認しておくことも必要です。急なものは休み前に済ませ、引き継げるものは引き継いでおきましょう。

休み明けに「休暇をありがとうございました」の一言と、ちょっとしたお土産があれば完璧です。

No.035

休暇中も、不測の事態には備えておく

タブー度

ようやく取れた連休を使って、念願の一人旅へ出かけるAさん。

最近は慣れない仕事で毎日ヘトヘトになり、さらには残業や会社の飲み会も続いて、プライベートの時間が確保できていない状態でした。

そんなAさんが、ようやく取れた連休。一人旅の間、しばらくは仕事や人間関係のことは考えたくないと思い、いっそのこと携帯電話は家に置いて出かけようとしていたのですが……。

気持ちはわかりますが、これは基本的にタブーです。

仕事に予想外のトラブルは付きもの。いつ何が起こるか、全く予想できません。

例えばあなたが作成した資料に不備が見つかり、上司が正しい情報をあなたに確認しようと電話してきたとします。そんなとき、あなたの携帯電話が電源オフのまま家に置きっぱなしだったら、どうなるでしょう。

会社の人には少なからず迷惑が掛かってしまいます。

「自分は休暇に入る前に完璧に引き継ぎを済ませてきた！」と思っていても、「絶対」ということはあり得ません。もちろん会社の人も多少は気をつかってくれるでしょうし、そんなに頻繁にチェックする必要はないでしょう。

しかし、**「万が一に備えて……」という気持ちは非常に大事なのです。**

一方で、休暇を取っている人に対して、必要以上に仕事の連絡をするのもタブーです。「できる限り自分が代わりにやって、ゆっくり休んでもらおう」という思いやりを持つようにしましょう。

No.036

転職は、きちんと報告してから円満に

タブー度

近年、転職へのネガティブなイメージは変わりつつあります。キャリアプランも昔と比べて多様化しており、「自分も将来は……」と考えている新社会人も多いのではないでしょうか。

しかしいざ転職先が見つかって、「新しい職が見つかったので今日で辞めます！」では当然、会社に迷惑が掛かってしまいます。

マナーを守り、円満に退社できるようにしましょう。

まず申し出のタイミングについてですが、これは会社の規定をきちんと確認する必要があります。**明確に定められていない場合でも、繁忙期を避け、少なくとも2か月前には届け出るようにしましょう。**

さて、規則を確認していざ上司に報告、といきたいところですが、ここで混同してしまいがちなのが「退職願」と「退職届」の違いです。現在は違いが曖昧になってきているものの、一般的に「退職願」は文字通り退職を願い出ている段階の書類であり、一方で「退職届」は会社の可否に関わらず自分の退職を通告するという、より厳格な意味を持つ書類とされています。より自分の状況に適したものを提出しましょう。

退職が決まってても、ここで安心してはいけません。社会人として、**退職の挨拶は忘れずにし**ておきたいところです。

最近はメールでの挨拶も一般的になってきてはいますが、もちろん、可能な限り直接伝えるのがベストです。

なお、社外への挨拶は、引き継ぎのことも考えて余裕のある時期に済ませておくようにしましょう。

No.037

勝手に副業をするのはタブー

タブー度

ある日、会社の先輩が声をかけてきました。

「俺、副業でアプリの製作をやってるんだけど、一緒にやらない？ 簡単だし、楽して儲けられるよ」

近年、副業が注目されており、こういった話を聞く機会もあるかもしれません。しかしだからといって、すぐに「やります！」と乗ってしまうのはタブーです。

最近では**徐々に正社員の副業を認める企業も増えてきてはいますが、禁止している会社もまだまだ少なくはありません。まずはしっかりと会社に確認をしましょう。**またその際は口頭での確認ではなく、「就業規則」にきちんと目を通すこと。

「バレなければ平気だろう」という考え方も、もちろんタブー。

バレるバレない以前に、「あくまで自分はこの会社に雇われているのだ」という意識はしっかり持っておかなくてはなりません。

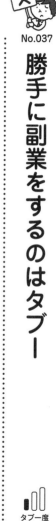

【第3章】

電話・手紙・メール 編

使い慣れた電話やメールでも、ビジネスシーンでは勝手が違い、最初は戸惑うことも多いかと思います。基礎を固め、焦らず対応できるようになりましょう。

No.038

「電話は誰かが取るだろう」はタブー

タブー度

社員にとっては電話応対も重要な仕事。しかし、電話が鳴っても誰も受話器を上げないことがまれにあります。これでは、仕事をなまけていると見られても仕方がありません。

会社にかかってくる電話は、ほぼ全て仕事に関するものです。取引先からの連絡、顧客からの問い合わせなど、大事な用件であることが多いでしょう。しかし、自分の仕事に集中しているのか、単に出るのが面倒なのか「誰かが取ってくれるだろう」という気持ちでいる人が多いのも事実です。

誰かが取ってくれるだろうと無視していても、周りの社員が本当に手の離せない状況ならば、当然電話は取られずじまいで切れてしまいます。「通話中でもないのに、業務時間中に電話に出ないとはどういうつもりなのだろう?」と相手に思われたのでは、信用がガタ落ちしても文句は言えません。

さらに男性の中には未だに「電話は女性が取るもの」と思っている人もいますが、これはさ

すがに時代錯誤《じだいさくご》な考え方です。確かにコールセンターなどは女性のスタッフが多いイメージですが、だからといって電話応対が全て女性の仕事だというのは見当違いというもの。電話応対専門の社員がいないのなら、社内の電話応対は社員全員の仕事と認識すべきです。

何コール以内で出るかは、会社で決まっていればそれに従います。もし決まっていなくても、**3コール以内には取るようにしましょう。**

また、特に新人のうちは積極的に電話を取るようにしましょう。電話応対から学べることも多く、慣れることで会話もスムーズにできるようになっていきます。

電話は、誰が取るかが重要なのではなく、早く取って相手に親切丁寧な対応をすることが重要。「出られる人が出る」これが基本です。

No.039

電話応対ではメモを忘れずに！

タブー度

電話応対の際、丁寧な受け答えを心掛けることはもちろん必要です。実はその他に、忘れがちですが大事なことがあります。何だかわかりますか？

それは「メモを取る」ことです。

電話でのやり取りは、面と向かって話すのとは違って、聞き取りづらいことも多々あります。**伝言を頼まれたら、まずはしっかりメモを取るようにしましょう。**聞きづらいところがあれば、きちんと確認をします。聞き終わったら、復唱して相手に確認してもらいましょう。その際、失礼な言い方にならないよう、言葉づかいには気を付けます。

面倒くさがらず、念入りに対応しましょう。

もう一つ、電話応対でやってしまいがちなミスがあります。

例えばあなたが上司への電話を取ったとします。しかし上司は外出中。

「戻り次第、こちらからお電話いたしましょうか？」と聞くと、「大事な用なので急いで連絡を取りたい」とのこと。そんなとき、

「では携帯番号をお教えしますので、そちらにおかけください」

と答えるのはマナー違反です。一見スムーズな対応に見えますが、実は**本人の許可なく携帯の番号を教えるのはプライバシーの問題に関わる**のです。会社から支給されたものならともかく、他人がプライベートで使用する私物の携帯電話の番号はむやみに教えないようにしましょう。

こういった場合は、

「Aに連絡を取り、そちらへ連絡するように伝えます」と対応するのが正解です。

No.040

家族と社員、親しいのはどっち？

タブー度

電話応対は、かけてきた相手に敬意を払い、**自分の上司を呼ぶときは敬称をつけないというのがマナー**です。これは基本的には正しい考え方なのですが、**実はこれが当てはまらないケースが一つだけあるのをご存知でしょうか。**

それは、社員の家族からの電話です。


例えばA部長の奥さんから電話がかかってきたとします。このとき、A部長が外出中だった場合、

「申し訳ありません。Aはただいま席をはずしておりまして……」

と答えるのはタブーなのです。なぜダメなのでしょうか。

少しややこしいですが、**「部長と部下の関係」**と**「部長と部長の奥さんの関係」**では、**どちらがより深い関係か**を考えれば、一目瞭然です。部下と奥さんではもちろん、家族である奥さ

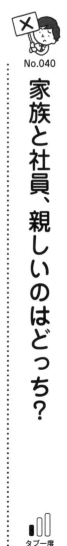

んとの関係の方が深いことになります。

あなたも、自分が家族の会社に電話をかけて、「○○は外出中でして」と呼び捨てにされたら、「うちの大事な家族を呼び捨てにするなよ」と思うのではないでしょうか。

つまりまとめると、社員の家族からの電話のときは、たとえ部下の家族からであっても「○○さん」と敬称をつけて呼ぶのがルール、ということになります。

電話をしてきた相手だけでなく、その家族である社員にも同等の敬意を払うと考えれば良いでしょう。日常的によくある場面だけに、間違えないように注意したい点です。

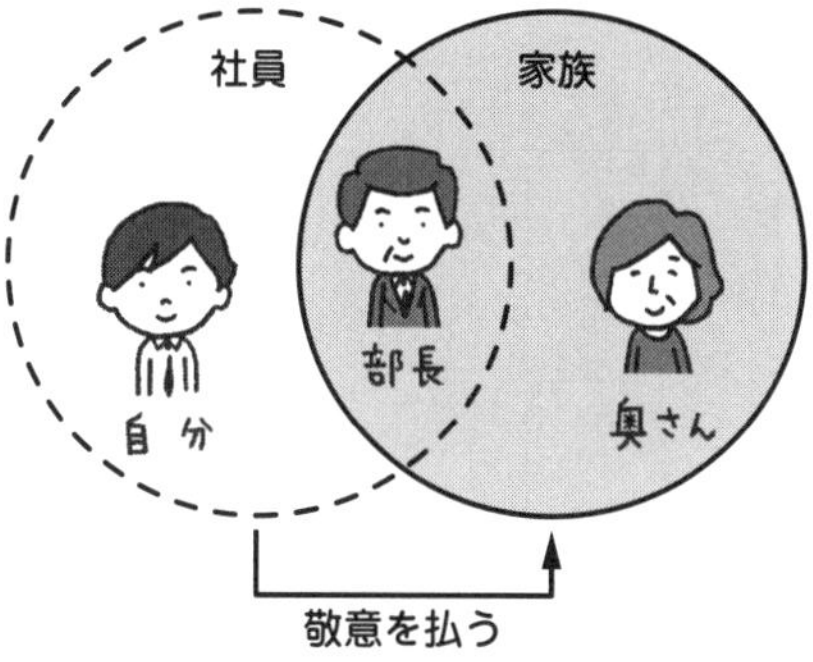

No.041

「もう少し大きな声で……」はタブー

タブー度

電話をしているとどうしても、雑音がひどかったり、どれだけ音量を上げても相手の声が小さいといったことがあります。こんなとき無意識に、

「もう少し大きな声でお願いできますか」

などと言っていませんか？　この発言はタブーです。

電話が聞こえにくいのは、電話機の調子・かけている場所の雑音・声量など様々な要因があげられますが、他からの電話がちゃんと聞こえていると、無条件で相手が悪いと決めつけてしまいがちです。しかし、会社への電話には「どんな相手からどんな内容の電話でも丁寧に対応する」というのが鉄則。これを忘れてはいけません。

「もっと大きな声でお願いします」というのは、たとえ言葉が丁寧でも命令されていると受け取られてしまう危険がある上に、電話が遠いのを相手のせいと決めつけているようで、大変失礼な発言なのです。

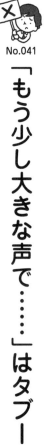

こういう場合は、まずは「申し訳ございません」「恐れ入りますが」と詫びて、「お電話が遠いようなのですが……」と言います。

これなら、相手のせいではなく「電話のせい」ということにしてしまえるので、失礼にはなりません。便利な言葉なので、覚えておくと良いでしょう。

このとき、こちらは聞き返されない限り、あまり大きな声を出さないように気を付けます。向こうにはちゃんと聞こえているかもしれないし、ことさら大きな声で話せば、相手は年寄り扱いされていると感じるおそれがあるからです。

顔や動作が見えない分、言葉や声の調子での気配りを心掛けましょう。

クッション言葉を使いこなそう

クッション言葉とは、話の前に置いて、調子を和らげるもの。本文のように、**何かをお願いするときや意見を言うときは、「申し訳ございません」「恐れ入りますが」と一言加えるだけで、物腰が柔らかくなり、丁寧な印象を与えます**。「よろしければ」「お手数おかけしますが」など、シチュエーションに応じて自然と使えるようになると良いでしょう。目に見えない電話口の相手には、特に重宝します。

No.042

電話の「ガチャ切り」はタブー

タブー度

いくら電話での話し方が丁寧な人でも、つい油断してしまうタイミングがあります。それは、電話を切る際に受話器を置くときです。

「相手には見えないんだから気にすることなんてないのでは?」という考えはタブー。これにはちゃんと理由があります。

家に間違い電話がかかってきたとき、「間違えました」と一方的にガチャンと切られると、なんだかムッとしてしまうことはないでしょうか。「間違えました」と言うだけ良いかもしれませんが、乱暴に受話器を「ガチャン」と置かれるのは、あまり気分の良いものではありません。**受話器を置くときの「ガチャン」という音は、相手が受話器を下ろしていない限り、しっかり届いてしまいます。**

音が乱暴だと、「ああ、雑に受話器を置いたんだな」と想像がつき、それでつい、ムッとしてしまうのです。

会社で電話応対するときは、たとえ忙しくても、「受話器を置くまでが電話応対」と意識しましょう。「やっと長話が終わったよ」とでも言いたげに、挨拶もそこそこにガチャンと切るのはタブーです。

自分からかけた電話は自分から切るというのがマナーなので、話が終わったら数秒間を置き、それから静かに受話器を下ろす癖をつけると良いでしょう。

なお、その際は**指でそっとフックを押す**ようにすると、静かに電話を切ることができます。

**他にも気を付けたい
電話応対のタブー**

すぐ変わるからといって、保留ボタンを押さず、受話器でふさがずに取り次いでいては、相手に会話が筒抜けになってしまいます。場合によっては気を悪くさせてしまうことも。**必ず保留ボタンを押し、念のため受話器を手でふさぐ癖をつけるようにしましょう。**

No.043

クレーム電話には冷静に対応する

タブー度

クレーム電話への適切な対応の仕方も、ぜひ押さえておきたい必須事項です。「すぐに上司に取り次げば良い」という考え方は良くありません。もちろん無理して自分一人で処理する必要はありませんが、ある程度までは落ち着いて対処できてこそ、一人前の社会人だと言えるでしょう。

クレーム電話対応の鉄則は、「冷静に対応する」ということ。**たとえ腹が立ったとしても、反抗的な言葉を口にするのは絶対にタブー**です。

相手が何を望んでいるのかを判断し、可能であれば対処法を提案しましょう。

ただし、相手に「誠意」を伝える必要があるので、冷淡な印象になってしまわないよう、口調には十分気を配る必要があります。

また、電話の切り際に、

「この度は貴重なご意見を誠にありがとうございました」

などと感謝の言葉を付け加えると、より誠意ある対応と言えるでしょう。

加えて、近年では罵声や脅し文句を使った悪質なクレームをつけてくる「クレーマー」が増えているため、こちらへの対応も覚えておくべきでしょう。

まず、**「こちらが全て悪い」という謝罪の仕方はタブー**です。これは全てのクレームに言えることですが、こちらが全面的に謝罪をした途端、そこに付け込んで不当な要求をしてくるというケースが多くみられます。

あくまで「貴重な時間を割いてクレームの電話をかけさせてしまったこと」自体に謝罪をする、というスタンスを崩さないようにしましょう。

それでも「自分の手には負えない」と感じたら、無理せずすぐに上司に取り次ぐようにしましょう。その際も、「別の者からかけなおさせていただいてもよろしいでしょうか」などと、丁寧な取り次ぎ方を心掛けます。

上司への報告に備えて、きちんとメモを取ることも忘れずに。

No.044

会社の電話で私用の連絡はタブー

タブー度

友人たちとの飲み会の幹事を任されたが、忙しくて店に予約を入れ忘れていた！

そんなとき、会社の電話でちゃっかり店に予約を入れていませんか？「ちょっとくらい……」と思うかもしれませんが、これはタブーです。

最近のオフィスは、自分のデスク専用の電話・パソコンを完備しているところがほとんど。しかし、これは**あくまでも「仕事用」であり、プライベートに利用して良いわけではありません**。会社の電話やメールで私用の連絡を取るのは、マナー違反なのです。

確かに店に予約を入れるだけなら数分もかかりませんが、その数分にも電話代が発生し、支払うのは会社です。また、私用の電話をかけていて回線がふさがっていたら、仕事に支障が出ます。私用電話は、必ず自分の携帯電話や公衆電話を使うこと。

もし電話をかけるなら、休憩時間に外へ出てかけるようにしましょう。社内で、しかも勤務中に携帯電話で話をするなど問題外。これは社会人として当然のルールです。

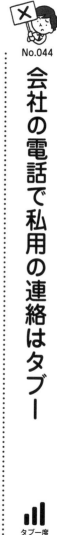

電話同様、職場のメールを私用で使うのもタブー。

電話と違い、パソコンでのメールは周囲にばれにくいせいか、ついつい使ってしまいがちです。しかし、メールを書いたり読んでいる時間も当然「勤務中」であり、給料が発生していることを考えると、それがタブーかそうでないかは考えるまでもありません。

どうしても取らなければいけない緊急の連絡があるとわかっている場合は、あらかじめ会社に許可をもらってから対応するようにしましょう。

また最近は、スマートフォンを使って株などの取引をする人が増えています。

いくら株価を常時チェックする必要があるとはいえ、勤務中にまで常にスマートフォンを気にしているのはいただけません。「会社のパソコンでやってるわけじゃないから」というのは、言い訳にならないのです。

No.045

電話応対は「姿勢」が大事！

タブー度

「相手が見えないから、気楽な姿勢で話せること」というのは、電話の一つの利点でもあります。しかし、仕事中もこの調子ではいけません。

ときどき、椅子にふんぞり返ったり、肘をつきながら電話をしている人を見かけます。そんな人たちの電話の応対を、一度じっくり聞いてみてください。**だらけた格好で電話をしていると、不思議と声までぞんざいに聞こえてきます。**

一方できちんとマナーを心得ている人は、姿勢はしっかりと伸び、目の前に相手がいるかのように頷いたりお辞儀をして話しています。それだけ、電話の相手とのやり取りに集中している証拠です。

そう、電話をしている姿勢は、相手にまで伝わってしまうものなのです。張り切って必要以上に大声で話すのはタブーですが、姿勢を正して相手の話に集中する意識は持つようにしましょう。

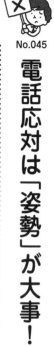

「心構え」という意味でも、電話をする際の姿勢は非常に重要です。

例えば、家にセールスの電話がかかってきたとき、あなたはどういう対応をしていますか？ぶっきらぼうに「そういうのは結構です」といってガチャンと切っている人が多いのではないでしょうか。自宅ではそれで良いかもしれませんが、会社でも同じような対応をしてしまうのはタブーです。

仕事中の電話は、出た人の対応がそのまま「会社のイメージ」「会社の顔」になります。そのため、たとえ仕事に関係ないセールスの電話でも、ぞんざいに対応することは厳禁なのです。

セールスの場合は、こちらが会社だとわかってかけてきています。そこへぶっきらぼうな対応をされたら、「ここは社員の教育がなってない」とインプットされてしまうでしょう。そんな噂が一人歩きしてしまっては大変です。

少し面倒に感じるかもしれませんが、取引先と話すような丁寧な対応を心掛けておけば間違いありません。

No.046

仕事中に私用で携帯電話を鳴らさない

タブー度

携帯電話（スマートフォン）は、今や私たちの生活に欠かせないものになりました。しかしいくら便利だからといって、むやみに仕事で使ってしまうのは良くありません。携帯電話の使い方にも、マナーは存在するのです。

まず、仕事中に着信音や通知音を鳴らしてしまうのは、当然タブーです。「そんなの当たり前。自分はちゃんとマナーモードにしている」という人も、注意が必要。特に会議中や商談中などは、**携帯のバイブレーションの音は意外と響くもの**なのです。そういった場に出向くときは、念には念を入れて電源を切っておけば安心でしょう。

スマホケースにも、注意が必要です。もちろんプライベートでは何を使っても自由ですが、ビジネスシーンでは、あまりに華美であったり奇抜なデザインのものはタブー。反対に、奇抜ではなくても、「ボロボロのケースを使っていて、しかも画面が割れている……」なんてこともないようにしましょう。

また、いつでも連絡が取れて便利な携帯電話ですが、仕事相手の携帯に電話をかけるときにもタブーがあります。

例えば営業先に電話をすると、「外出中のため携帯へかけてもらうよう言付かっております」と言われたとします。すぐにその携帯にかけても、電話はつながりません。このとき、相手が出るまで何度も電話をかけ続けても良いのでしょうか？

答えは、ノーです。外出中ということは、電車や車に乗っていたり、誰かと面会しているかもしれないということ。まずはそのことを考慮すべきです。

そもそも、**他社の人の携帯へは「いつも外回りで会社にいない人」か「よほど急ぎの用事ですぐ連絡が取りたい場合」でない限り、電話をしないのが基本。臨時用ツールだと考えておきましょう。**

向こうから「携帯に」といわれているなら別ですが、そうでないなら伝言を頼むか、帰社時間を聞いてかけ直すのがベターです。

なお、必要にせまられて携帯へかける際には、必ず最初に「今、お時間よろしいでしょうか？」と尋ねるのがマナー。もしダメなら、都合の良い時間帯を聞いてかけ直すようにしましょう。

No.047

仕事にSNSを使いたくない人もいる

タブー度

仲良くなった取引先の人のツイッターアカウントを発見！　今後の関係をより良くするためにも、「友だち申請」をして、早速リプライを送ってみよう……。

こんな経験がある人もいるのではないでしょうか。仕事相手と友好関係を築くのは良いことですが、会社の規定で仕事には使えないという人や、個人のアカウントに仕事の話を持ち込みたくないという人も少なくありません。**相手の考えを見極め、可能な場合は、直接「SNS上で仕事連絡をしても良いか」と確認するのが丁寧なやり方**です。

では一方で、あなたが「上司や取引先から友だち申請をされたが、できればSNS上ではつながりたくない」という状況になってしまった場合はどうしたら良いのでしょうか。

一つには「会社の規定で使えないので」などと遠回しに拒否するというやり方があります。もし、それは気が引けるというときは、仕事用のアカウントを別に作ってしまい、プライベートと完全に分けてしまっても良いでしょう。

No.048

SNS上での誹謗中傷はタブー

タブー度

取引先との打ち合わせに出掛けたＡさん。先方の受け答えが投げやりで態度も悪く、腹を立ててしまいました。

「あんな態度は良くないのでは……？」Ａさんは腹の虫がおさまらず、とうとう先方を誹謗中傷する文章をＳＮＳにアップしてしまいました。

腹が立つのはわかりますが、これはタブー。**たとえ匿名のアカウントであっても、それは同じこと。些細な情報から身元が特定されて、大ごとになってからでは遅いのです。**

自分が会社を代表する一人であるという自覚を強く持てば、そのような気は起きないはず。ＳＮＳが盛んな昨今だからこそ、気を付けたいところです。

No.049

敬称は「様」だけではない

タブー度

取引先の会社へ手紙を郵送するとき、宛名書きはどうすれば良いでしょうか。

①○○社　様
②○○社　御中

答えは②の「○○社　御中」。**「様」は個人に宛てるときの敬称、「御中」は会社など、団体に宛てる場合に使う敬称です。**

このように、敬称のルールは書き慣れていないと意外と難しいものです。

例えば、○○社の営業部に送る場合は「○○社営業部　御中」、しかし営業部のAさん個人に宛てる場合は「○○社営業部　A様」となり、「御中」は使わない。などなど……。

左ページに表を作りましたので、ぜひ参照しながら敬称のルールを確認してみて下さい。

敬称の使い方

様

× 株式会社○○ 様

○ 株式会社○○ 営業部長△△ 様

ポイント

「様」は、宛先が個人である場合に使います。企業名や学校名、または「部長」などの役職のあとに「様」は付けません。

御中

× 株式会社○○ 営業部長△△ 御中

○ 株式会社○○ 広報部 御中

ポイント

「御中」は、企業や部署などの組織が宛先である場合に使います。「～様 御中」のように、併用しないように気をつけましょう。

各位

× ○○委員会 関係各位の皆様

○ ○○委員会 関係者各位

ポイント

「各位」は「皆様」という意味で、複数の相手に対し、一人ひとりを敬う形で使います。意味が重複してしまうので、例のような併用は避けましょう。

No.050

「前略」の後に時候の挨拶は入らない

タブー度

顧客へ手紙を出すことになったAさん。手紙などめったに出さない彼は、とりあえず丁寧に書こうと、

「前略　新緑《しんりょく》の候《こう》ますますご繁栄のことと……」と本文を始めました。

出来上がった手紙を近くにいた先輩に見てもらったところ、呆れたような顔をして「これじゃダメだよ」と言われてしまいました。

一体、何がダメだったのでしょうか？

手紙には、本文に入る前に記す「頭語《とうご》」とそれに準じた末尾の語「結語《けつご》」があり、頭語の次には季節の言葉（時候の挨拶）を添えるのが基本です。

一般的な手紙に使う「頭語」は「拝啓」（結語は「敬具」）、そして「前略」（結語は「草々」）。

これらは同じ頭語ではありますが、意味はまったく違います。Aさんはそれを知らずに、たまたま知っていた「前略」で始めてしまったのです。

「拝啓」は、「謹んで申し上げます」という意味で、相手に敬意を示すもの。その後に時候の挨拶を入れて、本文を始めます。

一方、「前略」は「取り急ぎ申し上げます」という意味で、至急の場合などに用います。

文字通り**「急いでいるので、本文の前（＝挨拶）を省略させていただきます」というのが、「前略」の役割**なのです。つまり、前略の後に時候の挨拶を入れるのは間違い。

曖昧な覚え方をしていると、思わぬ恥をかいてしまうことがあるので気を付けましょう。

頭語と結語の種類

・拝啓《はいけい》＋敬具《けいぐ》

一般的な形。主に女性は、結語を「かしこ」としても良い。

・謹啓《きんけい》＋謹白《きんぱく》

拝啓より丁寧な形。「謹」は「つつしむ」という意味。

・前略《ぜんりゃく》＋草々《そうそう》 or 不一《ふいつ》

本文にもある通り、急ぎのため時候の挨拶を省略します、という意味。

・拝復《はいふく》＋敬答《けいとう》

もらった手紙に返事を出すときに使う形。

No.051

メールで急ぎの連絡をするのはタブー

タブー度

取引先の担当者へ、今日中に返事がほしい急ぎの用があったAさん。しかし用件が複雑で、電話で説明できるか心配だったため、メールで用件を送信し、相手の返事を待つことにしました。しかしそのとき、相手の担当者は一日中社外の現場で仕事。上司に許可をもらっていたので、会社には戻らず現場から直帰していました。

翌日、出社した担当者は自分のパソコンを立ち上げ、メールをチェックしてびっくり。昨日送信されたAさんのメールには「今日中にご連絡ください」と書いてあったのです。担当者は慌ててAさんに連絡を取り、用件を確認しましたが……。

メールは、相手の予定に関係なく、素早く連絡を取ることができる便利なツールです。しかし実は、**相手がパソコンをチェックしない限り、届いていても伝わらないという落とし穴があります。**

さきほどの例のように、相手が一日中会社にいないこともあり得ますし、いてもメールをチェックをできないほど忙しいということもあります。つまりメールは、緊急のときには不向きなツールなのです。

また、直接会ったり電話したりするのは緊張して苦手……という人は、ついメールを多用してしまいがちですが、仕事の相談や突っ込んだ話をしたいときには、電話や面会をして直接やりとりをする方がベターです。確かにメールでは文章で細かく説明できますが、その分誤解が生まれやすく、文章を書く時間も、読む時間もかかってしまいます。

緊急だけど添付したいものがあるといった場合は、メールした後に「今○○の件でメールをお送りしましたのでご確認ください」と確認の電話を入れると良いでしょう。

No.052

仕事のメールに顔文字はタブー

タブー度

「それでは、明日2時にお伺いします！　よろしくお願いします(^^)」

取引先の担当者にこんなメールを送っていたら、翌日から「ダメな人」と見られることは必至。いくら手軽なメールでも、砕けすぎた表現はタブーです。

確かに、直接会って話したり電話するのと違って、ビジネスメールは言葉だけで内容はもちろん気持ちまでも伝えなければならず、慣れないと非常に苦労します。**しかし言葉が思いつかないからといって、顔文字、絵文字や「(笑)」でごまかすのは良くありません。**

仕事とプライベートの線引きを、きちんとしましょう。

もちろん、「仕事相手とはいえすごく仲の良い人だから」というのは言い訳になりません。「親しき仲にも礼儀あり」です。

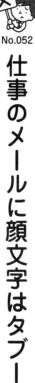

No.053

メールにかしこまった挨拶文は不要！

タブー度

ある日、インターネットで見つけた会社へ、問い合わせのメールを出すことにしました。

「株式会社○○　御中
拝啓　仲秋の候、ますますご清祥のこととお喜び申しあげます。私、□□株式会社のAと申します……」

一見、丁寧で良いような気がしますが、これはタブー。メールの場合は「拝啓」で始まる挨拶文は省略するのが基本です。

そもそもメールは、用件を「早く」そして「簡潔」に送るためのツール。心をこめてしたためる手紙とは違い、早さと利便性が重視されます。そのため、長々と書いて容量を増やす必要はなく、用件のみを簡潔に書けば良いのです。

No.054

添付ファイルの容量は2MB《メガバイト》までが目安

タブー度

現場視察で撮った写真を送ってほしいと、取引先から頼まれたAさん。そこで、撮ってきた写真のデータをそのままメールに添付して送信しましたが、しばらくしてメールソフトを開いたら、出したはずのメールがエラーで戻ってきていました。アドレスは合っているのに、一体なぜでしょうか？

Aさんと似たような経験をしたという人も多いのではないでしょうか。

実は、添付ファイルの容量が重すぎると、メールが受信拒否されてしまうことがあるのです。**容量の大きすぎるデータを一気に送信すると、その分受信に時間がかかり、相手の時間を奪ってしまいます。この事態を回避するため、「○○MBより重いものは受信拒否」などと設定している会社も多い**のです。

添付ファイルの容量は、相手のサーバーにもよりますが、**だいたい2MBが上限**とされているようです。それ以上大きいものだと迷惑になることもあるので、注意が必要です。

もし**それより重くなるようなら、ファイルを「圧縮」するソフトを利用し、容量を小さくするというのも一つの手です。**圧縮ソフトは、インターネット上で無料で配布されているものもあるので、簡単に手に入ります。

またそれ以外にも、オンラインストレージにアップロードして相手にダウンロードしてもらう方法や、フラッシュメモリにコピーして郵送するという方法など、選択肢はたくさんあります。

相手の都合を考慮して、使い分けられると良いでしょう。

No.055

ビジネス文書の書き方（社内編）

タブー度

職場で情報を共有するときに用いる文書を、「ビジネス文書」といいます。社会人たるもの、基本的な書き方は押さえておきたいものです。

社内へ向けた文書は、何より「簡潔さ」が重要。そのため、「です・ます調」など最低限丁寧な言葉づかいができていれば、前文や末文の堅苦しい挨拶は原則不要です。左図①程度の文章量に抑えましょう。

体裁は、**Ａ４用紙に横書き**が一般的です。わかりやすさが重要なので、可能な限り一枚にまとめましょう。複雑な内容になるときは、左図②のように箇条書きもうまく使うと読みやすい文章になります。どうしても複数枚になる場合は、通し番号を付けると親切で良いでしょう。

社内で文書のフォーマットがあらかじめ決まっている場合もあるので、上司や先輩に確認してみると、時間短縮にもなっておすすめです。

総務部発行第16号

20××年　×月×日

新入社員の皆様

総務部

担当：山田太郎（内線：00番）

yamada@****.co.jp

ビジネスマナー講座開催のお知らせ

①

この度は、ご入社おめでとうございます。

つきましては、新入社員の皆様を対象にビジネスマナー講座を開催いたします。参加をご希望の方は、総務部の山田までご連絡をお願いいたします。

記

②

日時：4月12日（金）　13：00～

場所：本社6階 大会議室

申込締め切り：4月5日（金）13:00　山田まで

追記：ご質問がありましたら、総務部山田までご連絡ください。

以上

No.056

ビジネス文書の書き方（社外編）

タブー度

見積書や請求書、お礼状など、社外へ向けて「ビジネス文書」を書く機会も少なくありません。

基本的な書き方は社内用の文書と変わらず、「A４一枚に横書き」がセオリーです。

ただし、社外の人間を相手に書く文章ですから、**社内用に比べてきちんとした挨拶や言葉づかいが必要**になります。左図①のように、頭語や結語など、手紙と同じような丁寧な言葉づかいを心掛けましょう。

かといって、わかりにくい文章はタブー。**あくまで「簡潔さ」「わかりやすさ」は損なわないようにします。**

慣れないうちは、書いたものを一度上司や先輩に見てもらうようにしましょう。

総務部発行第16号
20×× 年　× 月 × 日

株式会社○○○○
△△△様

株式会社○○広報部：田中太郎

〒000-0000
東京都○○区 xxxxxxxxx

TEL : 00-000-0000
MAIL : tanaka@****.co.jp

新製品発表会のお知らせ

① 拝啓　貴社ますますご盛栄のこととお喜び申し上げます。
平素は格別のお引立てに預かり厚く御礼申し上げます。

さて、このたび弊社におきましては、○○○を今月末より発売する運びとなりました。
つきましては、製品発表会を下記のとおり開催いたします。
お忙しい中恐縮ですが、この機会に是非来臨賜り、率直なご意見を頂戴したく存じます。
まずは、略儀ながら書中をもちましてご案内申し上げます。

敬具

記

日時：20○○年○○月○○日（○）　13：00 ～ 15：00

場所：東京都○○区○○○１－２－３　○○○ビル６階 大会議室
（詳しい場所につきましては、別途地図をご参照ください。）

追記：お問い合わせは、広報部田中（上記）までお願いいたします。

以上

No.057

ビジネス文書の書き方（依頼状）

タブー度

数あるビジネス文書の中でも、「依頼状」は比較的、書く機会の多いものです。この項では番外編として、依頼状の書き方を重点的に紹介します。

他の文書と変わらず、依頼状もやはり「簡潔さ」が非常に重要です。**左図①のように「いつ」「何を」「どうやって」「いくらで」依頼したいのか、相手が一目でわかるように**書きます。

このとき、一方的なお願いではなく、「ご多忙のところ誠に恐縮でございますが」など**相手の立場に立った文章の書き方を心掛けましょう（左図②）**。

また、素直で謙虚な姿勢で依頼することは大事ですが、そればかりに気を取られて淡白な文章になりすぎないよう注意しましょう。

総務部発行第16号

20××年　×月×日

株式会社○○広報部：田中太郎

〒000-0000
東京都○○区 xxxxxxxxx

TEL : 00-000-0000
MAIL : tanaka@****.co.jp

株式会社○○○○
△△△様

ビジネススキルアップ講習
講師のご依頼について

拝啓　立春の候、ますますご清祥のこととお慶び申し上げます。平素より格別のご高配を賜り、厚く御礼申し上げます。

さて、突然ではございますが、弊社ではビジネススキルアップ講習を下記のとおり開催いたします。

つきましては、この分野に深く通じていらっしゃる○○様に講師をお引き受け願いたく、お願い申し上げる次第でございます。

ご多忙の折に誠に恐縮ではございますが、ぜひご参加いただけると
② 幸いです。

よろしくお願い申し上げます。　敬具

記

日時：20○○年○○月○○日（○）　13：00～

場所：東京都○○区○○○1－2－3 ○○ビル1階 ○○ホール

① 講演内容：「新入社員のスキルアップについて」

受講者：弊社 新入社員（200名）

謝礼：15万円

追記：お問い合わせは、広報部田中（上記）までお願いいたします。

以上

No.058

ビジネス文書の書き方（お詫び状）

タブー度

「依頼状」と並んで特に覚えておきたいのが、この「お詫び状」の書き方です。特にお詫びを伝えるときは、相手に失礼がないか、より一層注意する必要があります。

できれば書きたくないものですが、覚えておいて損はないでしょう。

まず気を付けたいのが、**謝罪がくどくなりすぎないこと**。謝りすぎは、かえって相手の怒りを逆なでしてしまう危険があります。加えてこのときは、言い訳をせず、素直に謝ることを心掛けましょう。

もう一つ気を付けたいのが、**対処法について、数字など具体的なデータを必ず示す**ようにすることです。

左図①のように具体的な対処を明示すれば、「謝罪はわかったけど、どう対処してくれるの？」と相手に思われなくて済みます。

結びの部分では改めて謝罪し、変わらぬお付き合いをお願いしましょう（左図②）。

総務部発行第16号
20××年　×月×日

株式会社○○○○
△△△様

株式会社○○営業部：佐藤太郎
〒000-0000
東京都○○区 xxxxxxxxx
TEL : 00-000-0000
MAIL : sato@****.co.jp

商品不良のお詫び

拝啓　平素は格別のご愛顧を賜り厚く御礼申し上げます。

さて、このたびは弊社の商品○○に不良があったとのこと誠に申し訳ございませんでした。

① つきましては、本日中に代わりの商品を郵送させていただきたく存じます。大変お手数ではございますが、先の不良品を当社まで着払いにてご返送いただけますと幸いです。

今後このようなことが起きませんよう、検品を徹底させていただきます。

② 今後とも変わらぬご愛顧を賜りますよう、よろしくお願い申し上げます。

敬具

追記：お問い合わせは、営業部佐藤（上記）までお願いいたします。

No.059

「デジタル万引き」はタブー

タブー度

「デジタル万引き」をご存知でしょうか。

デジタル万引きとは、書店やコンビニで本・雑誌の一部をカメラで撮影し、情報だけを「万引き」すること。少しの記事のために1冊買うのがもったいないと、カメラで撮影していく人が急増しているのです。現在、この行為を取り締まる法律はありませんが、**個人個人のモラルが問われる問題**と言えます。

なお、今のところ厳密には、デジタル万引き＝犯罪ではないとされていますが、撮影した画像をインターネットに公開したり、メールに添付すると、著作権や肖像権といった権利に抵触するおそれがあります。これは、たとえ自分で買った雑誌だとしてもタブーです。

写真をアップロードする際には、十分気を付けるようにしましょう。

【第4章】

訪問・来客編

ビジネスに、社外との交流は付きもの。「自分は会社を代表する一人だ」という意識を強く持ち、ビジネスマンらしい人付き合いをマスターしましょう。

No.060

慣れてきたころの遅刻に注意！

タブー度

忘れ物とならび、社会人として最もタブーなことの一つが「遅刻」です。学生の頃は、授業に遅れても注意され成績に反映される程度なので、あまり危機感はありません。しかし社会人になってから「大事な会議に遅れた」「訪問先へ約束した時間に間に合わなかった」ということがあれば、それは即「自身のイメージダウン」になり、「会社のイメージダウン」につながります。

決められた時間で行動することは、社会人として当たり前のマナーです。会社は、「遅刻をしないで当たり前」と思って社員を採用しているのですから、遅刻をしたときの評価は当然厳しいものとなります。あまり繰り返しているようでは、「この人はダメだ」と見切られてしまっても文句は言えません。

仕事で外出するときは、訪問先に「5分前到着」を心掛けましょう。早すぎると相手の支度

ができておらず、かえって迷惑となるので注意が必要です。道や路線はしっかり事前にチェックをし、万が一電車が遅れていた場合のために、他のルートも考えておくとより安心できます。それでももし遅刻してしまいそうなときは、早めに相手へ「どのくらい遅れるか」を連絡します。「時間になってもお客さんが来ない、連絡もない」というのは、信用をなくすと同時に「事故に巻き込まれたのでは」と心配をさせてしまう原因ともなってしまうのです。

訪問時間に間に合わせることはもちろんですが、毎日の出社も当然、時間厳守です。

朝が苦手で起きられないという言い訳は、社会では通用しません。目覚まし時計をいくつもセットしたり、家族に協力してもらったりして、遅刻防止に努めましょう。

当たり前すぎるようですが、遅刻はついついやってしまいがちなミスです。環境に慣れてきても油断しないよう、気を引き締めましょう。

No.061

名刺を尻ポケットから出すのはタブー

タブー度

名刺はビジネスマンの顔といっても過言ではありません。営業先や取引相手など、初めて会う人とは大抵、名刺交換を行います。本人や会社の第一印象を決める、大事な場面と言えるでしょう。

しかしよく見ると、やってはいけないことをしている人は案外多いのです。名刺交換のタブーとは何か、順に見てみましょう。

まずは**名刺をスーツの尻ポケットから出すこと。これは絶対にタブーです。**人に渡すものを尻に敷いているのでは、相手の印象も良くありません。会社の教育姿勢も疑われかねない一大事です。

名刺入れを入れる場所は、上着の内ポケットか胸ポケットがベター。上着の外ポケットだと、そのまま突っ込んできたという印象があります。

渡すときにも注意が必要です。自分の名刺は、文字を相手へ向けて渡すのが鉄則なので、初めから上下逆さに名刺入れへ入れておいて、取り出したらそのまま相手へ渡せるようにすると、スムーズに交換できます。

相手の名刺は、必ず両手で受け取ります。名前が読めなかったり、聞き逃した場合には、きちんとその場で確認をしておきましょう。

なお、うっかり名刺入れを忘れたときに備えて、財布や定期入れに名刺を入れている人をたまに見かけますが、このこと自体はタブーではありません。しかし、出し入れの多い財布や定期入れを名刺入れ代わりにしていては、名刺がすぐ傷んでしまいます。ボロボロになった名刺を渡すのはマナー違反。常にきれいなものを入れておきましょう。

名刺の交換後にそのまま商談や打ち合わせをする場合、すぐに受け取った名刺をしまうのはタブーです。話し合いが終わるまでは、自分から見てテーブルの左側に名刺入れを置き、その上に受け取った名刺を置いておくようにしましょう。

複数枚受け取った場合は、席順、あるいは左から職位の高い順に名刺を並べ、右端に置いた名刺の手前に自分の名刺入れを置いておくと丁寧です。

No.062

初対面で「宗教」と「政治」の話はタブー

タブー度

初対面の人との会話は、とかく緊張するものです。話が続かず、間を持たせるために何か共通の話題を……と必死で頭を巡らした経験は誰しもあるかと思います。

そんな初対面の人との会話で、禁句の話題が2つあるのをご存知でしょうか。

まずは「宗教」。初対面やあまり親しくない人に宗教の話を持ち出すことは絶対にタブーです。日本は一般的に、宗教に対する関心があまり高くありません。「宗教」といわれると一歩引いた見方をしてしまいがちなのも事実です。そのせいか、日常会話でも無関心ゆえの批判的な意見がぽろっと出てしまうことも多々あります。**しかし、いくら無宗教の国と言われる日本でも、特定の宗教を信仰している人は当然います。**相手がその宗教を信仰しているのを知らずに、何気なく「○○教は、ウラで何をやっているかわからない感じで怪しいですね」などといってしまっては、相手を怒らせたり、傷つけてしまうことにもなりかねません。人が信じているものを、悪意がなくともけなすような発言は禁物。これはビジネスの場に限らず、日常生活でも同様です。

次に「政治」。これも理由は**宗教の場合と同様で、相手が特定の政党や政治家を支持していた場合、関係に亀裂《きれつ》が生じるおそれがあります。**こちらもナーバスな話題なので、控えるのがベターでしょう。

No.063

アポイントなしでの訪問はタブー

タブー度

社会人にとって大事な仕事の一つが「訪問」。商談や打ち合わせ、取材など、訪問の用件は様々です。

さて、取引先を訪問する際の準備で、絶対忘れてはならないことが一つあります。それは「アポイント（約束）」です。

いくらスーツや髪型をしっかり整え、名刺のストックを確認し、ビシッと元気に挨拶しても、**面会の約束を取りつけていないで「今、忙しいから後日にしてください」「約束のない客とは会わないよ」などと言われてしまったら、すごすごと帰るしか選択肢はありません。**

休日に、片づけもせずパジャマのままゴロゴロとテレビを見ていたところに突然知人がやってきたら、誰もが「ちょっと待って！　今着替えるから！　片づけるから！」と慌てるでしょう。また、ちょうど出かけようとしていたときに遊びに来られても、「せっかく来てもらったのに悪いけど……」と気まずい思いをします。

仕事の訪問も同じこと。突然来られるのは迷惑なのです。事前の約束があれば、他の予定とかぶることもないし、時間に合わせて片づけをし、資料をそろえて客を待つ余裕ができます。

訪問を受ける側になって考えてみるとよく理解できるでしょう。

「多分会えるだろう」「前に行ったときもこの時間はいたから大丈夫なはず」と一人合点せずに、必ずアポイントを取ること。

アポイントは電話で取れば良いですが、**当日の朝になって「これから行きますので」というのではなく、少なくとも1、2週間の余裕は持ちましょう。**突然決まった用事でも、決まった時点ですぐに相手に連絡します。日程はできるだけ相手の予定に合わせて、自分のスケジュールを調整するように心掛けましょう。

「そっちへ行ってやる」のではなく、あくまでも「行かせてもらう」姿勢を大切にしてください。

No.064

訪問先の近所で手土産を買わない

タブー度

上司やお世話になった先生の家へお邪魔するときなど、手土産を持参する機会は意外と多いものです。そんなとき、「何を持って行けば……」と焦ってしまう方も多いのではないでしょうか。

そもそも手土産とは、「招いてくださってありがとうございます」という感謝の意を表すもの。言葉に添えることで、より感謝の気持ちが伝わります。

では、その手土産には何を持っていけば良いでしょうか。**無難なものはクッキーやおまんじゅうといったお菓子類ですが、相手の家族構成や趣味・好みがわかるなら、それに応えられるものを持って行くのも手です。**

また、どこで買うかも重要なポイント。

わざわざ寄り道するのは面倒だからと、訪問先の近所で買ってしまいがちですが、これはタブー。というのは、訪問先の近所にある店では相手が「あ、すぐそこの店のだな」とわかってしまうからです。「土産を買うのが手間で、ついでに買った」という感じがでると、感謝の気持ちも薄らいでしまうでしょう。

同じくタブーなのが、相手の負担になってしまうものです。**極端に高価なものや、かさばって家の中で邪魔になるもの、日持ちしないものなど、かえって迷惑になるようなものは控えましょう。**

「土産」というものは字の通り「その土地で生まれた名産」を指しています。本来なら自分の土地の名産物を持っていくのが「土産」ですが、それが無理でも、何か凝ったものや相手が喜びそうなものを考えて持っていけば、話題づくりにもなって良いでしょう。結局は「感謝したい・喜んでもらいたい」という思いがあってこそのものなのです。

No.065

訪問先のお茶は、ありがたく頂く

タブー度

取引先やお客さんのところに訪問したとき、相手がお茶を出してくれるという場面がよくあるかと思います。

このお茶、あなたは「出してもらって当然」と考えていないでしょうか。確かに相手は何も言わず当たり前のようにお茶を出してくれるかもしれませんが、これを当たり前と思ってお礼も言わないようでは、社会人失格です。

お茶は、訪問への感謝をこめて出してくれるもの。たとえ自分が客の立場であっても、自分からねだったり強要するものではありません。常にお礼の気持ちを持っていただきましょう。**お礼は「すいません」や「どうも」ではなく、きちんと「ありがとうございます」と伝えます。**歯切れの悪いお礼は、かえって悪い印象を与えてしまうので注意が必要です。

ちなみに、出されたお茶を全部飲みきって良いのかどうか、ここは悩む人も多いのではないでしょうか。全部飲み干していると、「意地汚く見られていないか」とどうしても気になってしまうものです。

しかし、これは飲みきってしまって構いません。**お茶は相手の厚意なので、全て飲むことでかえってお礼を示すことができます。**

また、出されたお茶が苦手なものだった場合でも、少しは口にするようにしましょう。まったく手をつけないのは、相手の厚意を無駄にする失礼な行為です。

出される前に「コーヒーにするか、お茶にするか」などと聞かれたら、遠慮なく飲みたいものを答えれば大丈夫です。ただしその際も、「コーヒーでいいです」というような感謝の気持ちを感じられない言い方ではなく、「お茶をいただけますか」「コーヒーをお願いします」と丁寧な口調で受け答えをしましょう。

No.066

親しい会社でも、長居はタブー

タブー度

長く付き合いがある業者や営業マンとは、友だちのように親しくなることもあります。気心知れた間柄ならば、業者間の裏事情を教えてもらったり、お得な情報をいち早く収集できたりとお互い有意義な存在となりえるでしょう。

そんな人のところへ出向いたときは、つい話もはずんでしまいがちです。それでも仕事の話をしていれば良いですが、だんだんわき道へ逸れ、仕事とは関係ない話で爆笑していることもしばしば。

このような、**用が済んだ後の長居はタブー**です。

仕事ついでにちょっとした世間話をする程度なら、双方の関係を円滑にするためにも悪いことではありません。しかし、それも度がすぎると「あなたは仕事に来たの？　おしゃべりしに来たの?」と思われてしまいます。

また、**自分は特に予定がなくても、相手は来客や外出の予定が無いとも限りません。**話をしていたらお客さんがやってきて、「すいません、これから打ち合わせがあるので……」などと帰されているようでは、ばつの悪い思いをすることになってしまいます。

相手が何も言わないから大丈夫だろうなどと一人合点せず、用が終わったらすみやかに退出するよう心掛けましょう。

仕事に関係のない話をしている時間、これも貴重な就業時間であり、給料が発生しています。

これを「楽して給料をもらえてラッキー」などと考えてしまうのは、絶対にタブーです。

No.067

来客案内は、相手の左斜め前を歩く

タブー度

新人の女性が、年配の来客者を応接室まで案内することに。「ご案内致します、どうぞ」と歩き始めたものの、いざ応接室の前まで来て振り返ると、来客者はずっと後ろのほうから慌ててこちらへ向かっています。そう、彼女は自分のペースでスタスタ歩いてしまい、相手はそのスピードについて来られなかったのです――。

こんなことでは、接客マナー失格です。**相手の足音を確かめつつゆっくり歩きましょう。**

また、**案内するときは来客者の左斜め前を歩くのが基本**です。斜め前を歩くのは、お尻を直接向けないため。そして大多数の人は右利きなので、何かをしようと右手を動かしたときにぶつかってしまわないよう、左斜め前を歩くようにします。斜めになっていれば視線の端に来客の姿が映るので、様子を見ながら歩くこともできて一石二鳥です。

一方、**階段を上るときは、相手に先を歩いてもらいます**。これは、相手を見下ろさないためであり、もしつまずいたり踏み外したとき少しでも支えになるためでもあります。

No.068

来客に上司を紹介するのが先！

タブー度

自分が担当している取引先の人が来社。上司は彼らと面識がなく、自分が双方を紹介することになったとします。さてこの場合、「自分の上司に来客を紹介」するのと、「来客に自分の上司を紹介」するのでは、どちらが先が良いでしょうか。

正解は「来客に自分の上司を紹介」です。**自分の上司はもちろん目上の人間ですが、来客がいた場合、最も敬意を払うべきはその来客ということになるのです。**

この考え方は、来客を上司に取り次ぐときにも使えます。来客に誰に取り次ぐかを尋ねるとき、正しいのはどちらでしょうか。

①「どなたをお呼びいたしましょうか？」

②「誰をお呼びいたしましょうか？」

そう、正解は②です。ややこしいので混乱してしまいそうですが、落ち着いて臨機応変に対応できるようにしましょう。

No.069

「へりくだりすぎ」はタブー

タブー度

客先の責任者を接待することになったAさん。相手はとてもエライ人なので終始緊張しきりです。へりくだった姿勢でいれば失礼もないだろう、とお店に入って一言。

「汚いお店ですみませんが……」

あなたが接待された相手にこのようなことを言われたら、どう思うでしょうか。多くの人は「だったら別の店にすれば良いのに」と感じるのではないでしょうか。

確かに、相手を敬う気持ちを高めるためにへりくだった言い方をするのは、効果的な方法です。敬語が相手を敬う「尊敬語」と、へりくだる「謙譲語」とに分かれていることからも、理解できるでしょう。しかし、へりくだりすぎるのはタブー。

プライベートでも、「いや、ホント、君と比べたら自分はダメだからさあ」などと毎日のように繰り返す友人がいたら、うっとうしく感じるのではないでしょうか。悪気はなくても「それならちょっとは努力すれば？」などと言いたくなってしまいます。

冒頭の例のように、自分が店を決めて接待するなら、「ここは○○が美味しいお店なんですよ。お気に召していただければ良いのですが」と、自分が自信を持ってすすめられる店であることをアピールしつつ、「気にいってもらえれば良いけど」とへりくだります。こうすれば、接待相手も「ああ、自分のために美味しいお店を探してくれたんだな」と印象を良くするはずです。

ポイントは「絶対に気に入ると思います！」などと決めつけないこと。

また、他の身近な例では、訪問先で手土産を渡す際の常套句「つまらないものですが……」があります。これもへりくだった言い方ですが、最近では「つまらないと思うなら渡さなければ良いのに」「そこまで謙遜《けんそん》しなくても」と思われる風潮があり、好まれる言い方ではないようです。

「よろしければ召し上がってください」などと言うと良いでしょう。

No.070

座布団や畳の縁を踏むのはタブー

タブー度

一般の住宅では和室はどんどん少なくなっていますが、居酒屋などでお座敷を使う機会はまだまだ多いかと思います。

そんなお座敷で、途中トイレに立つ人をよく観察して見ていると、部屋を出るまでの間に座布団を踏んづけて歩いている人をたまに見かけます。自分が歩くときも「全然気にしていなかった」という人は多いかもしれませんが、実はこれ、やってはいけないことなのです。

友人同士のプライベートな場で、ましてお酒の入っている状態なら、そんなことを気にしている人の方が少ないかもしれません。しかし、踏んで歩くことが当たり前になっていると、上司や目上の人の家にお邪魔したときに大きな恥をかくことになってしまいます。

椅子やソファーに立ち上がるのが行儀の悪いことであるように、座布団の上に立つのは失礼な行為だとされています。

また、たとえ尻に敷く座布団といえども、その家や店の大事な家具なのですから、そもそも

丁寧に扱うべきなのです。

すすめられた席の座布団を他の席のものと交換したり、ひっくり返して使ったりするのも、せっかくの相手の厚意を無にすることになり失礼に当たります。用意された席に、ありがたく座らせてもらうという認識を持ちましょう。

座布団の他に、畳の縁や敷居《しきい》も踏んではならない場所の一つとされています。これは**縁や敷居は傷みやすい**からです。

このように、和室では常に足元に注意を払っていなければいけません。ずかずかと無遠慮に上がり込んでいるようでは、いくら仕事ができたとしても良い印象を持たれないので注意しましょう。

No.071

席次ってなに？

タブー度

　会社にお客さんが来たとき、好きな席に座ったら上司に「そこは座っちゃダメ」と怒られた経験はありませんか？

　誰がどこに座るかは、洋室・和室を問わず、「席次」という順番が決まっています。席次というと、結婚式の座席が思い浮かぶという人も多いかもしれませんが、社会生活においても、席次は存在するのです。

　席次は、基本的に扉から一番遠い席が、目上の人が座る上座、扉に近い席が目下の人が座る下座（末席）になります。和室の場合は、床の間に近い席を上座とします。また、景色がよく見渡せる席や、室内の花・絵画を眺められる席を上座とする場合もあるので注意。室内の作りに応じて臨機応変に対応しましょう。

　車に乗る順番と合わせて左ページに図を掲載したので、恥をかかないように覚えておきましょう。

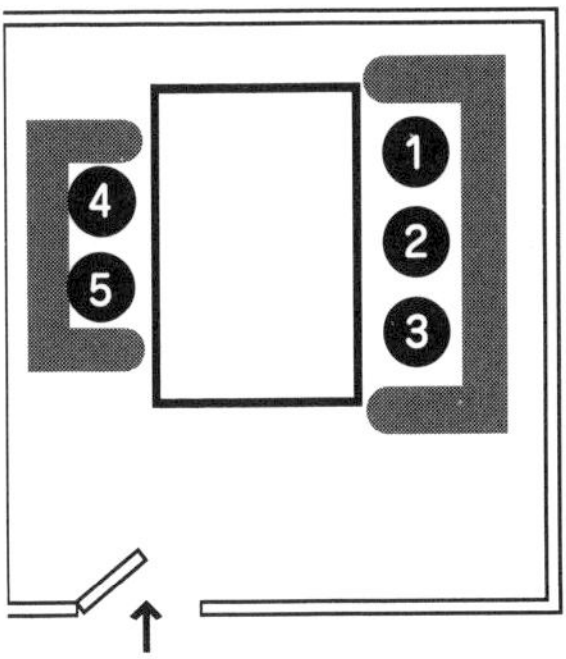

応接室の席次

基本は入口から一番遠い席が上座。上座には、ゆったりとしたソファーなどを配置すると良いでしょう。外の景色や絵、花がよく見える場所を上座とするのも◎

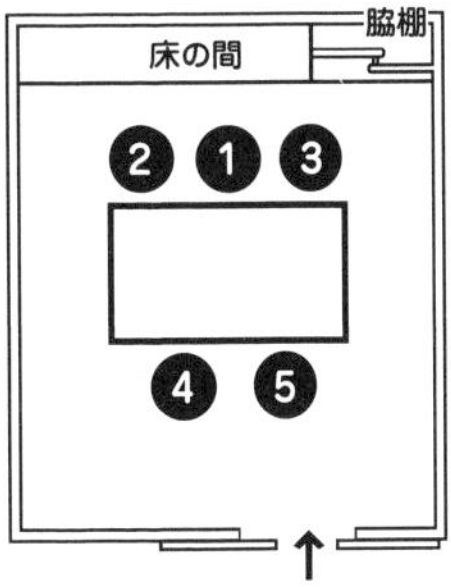

和室の席次

和室は、入口正面から見て左側に床の間、右側に脇棚がある「本床」が一般的。上座は床の間の前､末席は入口に一番近い席になります。

車の席次

タクシーの場合は、後部座席奥が上座、末席は助手席です。社長が運転して部長と新人が乗るといった場合は、助手席は部長に、後部座席に新人が乗り込みます。

No.072

挨拶のとき、立つ？ 座る？

タブー度

洋室の応接間に通され、面会者が入室した際、椅子に座ったままペコペコと挨拶しているようでは、社会人失格です。

洋室の場合、座っている人が目上、立っている人が目下とされます。社内で上司は椅子に座り、部下は立ったまま話を聞いていることからも、上下関係がわかると思います。座ったままの挨拶は、たとえ自分が客でも失礼に当たるので気を付けましょう。

逆に和室の場合は、座ったまま挨拶をする「座礼《ざれい》」が一般的です。こちらは殿様に家来が「はー」と頭を下げている図を思い浮かべればわかりやすいかと思います。

そのとき座布団に座ったままでは失礼なので、座布団から降りて畳の上でおじぎをするのが、正しい座礼の仕方です。

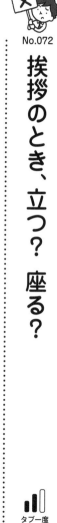

【第5章】

食事・おつきあい編

会食や挨拶回りなど、特に新人のうちは慣れない相手と接する機会も多いもの。きちんとしたマナーで接し、相手に好印象を与えられるようになりましょう。

No.073

素っ気ない断り方はタブー

タブー度

ある日の終業後、上司からこんなお誘いが。

上司「今から何人か誘って飲みに行くんだけど、○○君も来る？」
新人「すみません、やめときます……」

家でゆっくりしたかったり、見たいテレビ番組があったりと、「今日は行きたくないなあ」と思うことも当然あるでしょう。最近は「プライベートな時間は好きに使うべき」「誘われても無理に行く必要はない」という考えの人も増えてきました。

しかし、だからといって**この新人社員のような素っ気ない断り方はタブーです。**上司も気分は良くないですし、誘ってもらったことへの感謝も感じられません。

先輩や上司の誘いをどうしても断る必要があるとき、まず大事になるのは「ぜひ行きたかった」という気持ちを伝えることです。「本当は行きたかったのですが」「お誘いいただいて嬉しいのですが」などという言葉を最初に付けるだけで、相手の感じ方は大きく違います。

次に、なぜ行けないか、という理由を伝えます。「どうしても体調が悪い」「家に届く荷物を受け取らないといけない」など、相手が「それなら仕方ない」と思える理由をきちんと伝えましょう。

行きたくないあまり嘘の理由を言う人もいますが、後になってそれがバレてしまえば、余計に相手が気を悪くしてしまいます。これでは元も子もないので、注意が必要です。

理由を伝えた後は、「ぜひ、また誘ってください」「次は参加したいです」といった一言を必ず添えるようにしましょう。素っ気なさはなくなり、格段に柔らかい印象を与えることができます。

No.074

飲み会は、予約の前から始まっている

タブー度

社会に出れば、先輩や上司、取引先と飲み会を開くという機会も増えていきます。相手の意外な一面を知ることができたりと、お酒の席ならではの楽しい雰囲気が好きという人も多いかもしれませんが、だからこそ、油断してタブーを犯してしまわないよう注意が必要です。

第一関門は、お店と日程の設定。幹事を任された場合、これは非常に重要な仕事です。**幹事は全員のスケジュールや食べ物の好き嫌いをリサーチし、よりみんなが楽しめるような会をセッティングする必要がある**からです。会費の計算や徴収《ちょうしゅう》も必要であれば事前にやっておき、当日トラブルが起きないように気を配りましょう。

自分の都合だけで全てを決めてしまうのはタブーです。

会の最中も、特に新人・若手は常に周りに気を配る必要があります。

料理を取り分けたり、空いたグラスを下げたり、お酌をしたりと、慣れないうちはてんやわんやになってしまうかもしれません。場の空気を読まず「やりすぎ」になってしまうのは避けなければいけませんが、これも新人の仕事。先輩との距離を縮めるチャンスだと思い、積極的にふるまいましょう。

ただしお酌《しゃく》についてですが、これは相手のペースに合わせる必要があります。飲み会にいる人が全員、お酒に強いわけではありません。その人の表情やペースを見ながら、良いタイミングでお酌をするようにしましょう。

相手に気をつかわせてしまうようでは逆効果。本末転倒です。

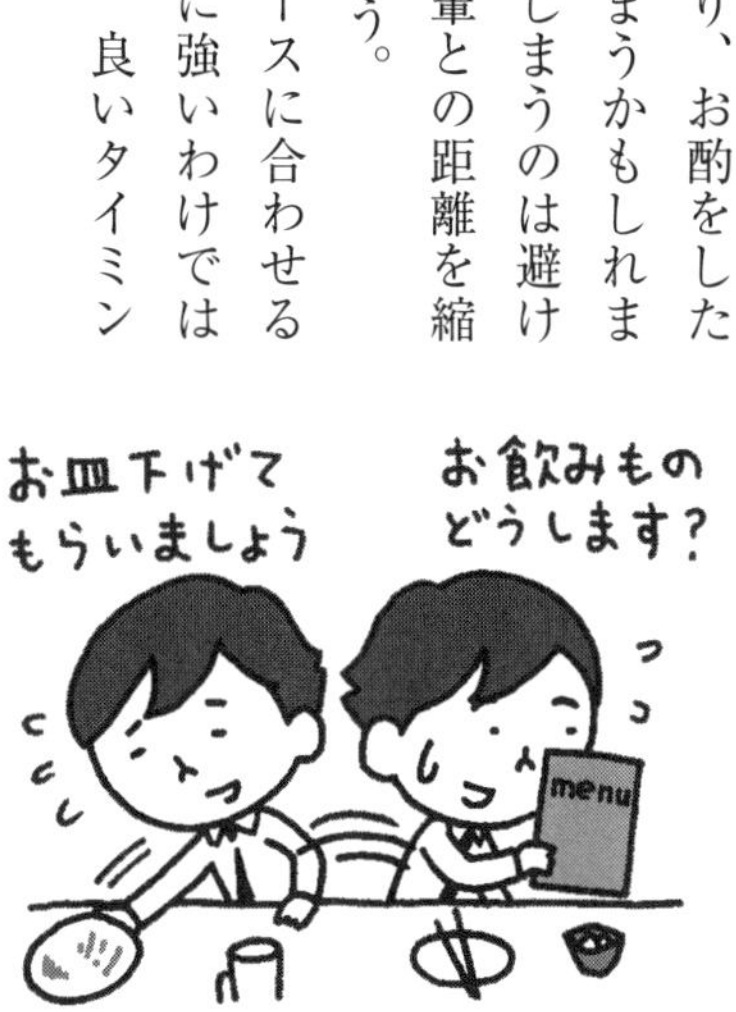

No.075

テーブルに荷物を置くのはタブー

タブー度

職場の上司や取引先との食事の際、ハンドバッグや携帯電話、タバコなどをテーブルに乗せたままにしていませんか？　実はこの行為は、タブーとされています。**テーブルはあくまでも食事をする場であるという考え方で、余計なものがあると、食べている最中や店員がサービスするときの邪魔になってしまうので、個人のものは置かないのがルールとされているのです。**

店にクロークがあれば、そこへコートや大きな荷物は預け、ない場合にも足元にまとめるようにしましょう。その際は、隣の人の邪魔にならないよう気を付けます。

女性のハンドバッグ程度なら、椅子の背もたれと背中の間に置いておいても良いでしょう。

男性は、携帯電話やタバコのような細々したものはスーツのポケットに入れておくと邪魔になりません。

No.076

食前・食事中も油断は禁物

タブー度

席につき、**おしぼりを出されると、手を拭き、顔を拭き、しまいには首筋まで拭いてしまう人がいます。**確かに汗をかく夏場でも寒い冬場でも、おしぼりが気持ち良いのはわかりますが、友人の前ならともかく、**仕事相手の前でこれはマナー違反です。同席の人に恥をかかせないためにも、上品なふるまいを心掛けましょう。**

もう一つやってしまいがちなのが、口に食べ物を入れたまま会話をしてしまうこと。これもタブーです。くちゃくちゃと音が立つ上、見た目もきれいなものではありません。

会話が盛り上がるのは良いことですが、社会人として節度を持つことも大事。うっかりやってしまわないように気を付けましょう。

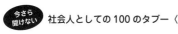

No.077

こんなにあった！ 箸使いのタブー

タブー度

小さいころ、おじいちゃんやおばあちゃんとご飯を食べているときに、「箸の使い方がおかしい！」と注意されたことはありませんか？ **若い人はあまり気にならないかもしれませんが、年配の方は、意外と若い人の箸使いを見ているものなのです。**

やってはいけない箸使いを「忌《い》み箸」と呼びますが、中でもやりがちなのが「逆さ箸」ではないでしょうか。

逆さ箸とは、文字通り箸を上下逆さに使うこと。料理を取り分けるときに、口をつけた箸では失礼だからと上の部分を使う人がいますが、これがまさに逆さ箸です。なぜダメなのか、意外に思う人も多いかもしれません。

そもそも箸は、上の持つ部分を「持ち代《しろ》」、下の口をつける部分を「使い代」と呼び、それぞれ「持つ部分」と「料理を取る部分」とで役割が決められています。つまり、そもそも箸の上部は料理を取るようにはできていないのです。

また、持ち代は素手で持つ上に、テーブルに直置きされていると考えれば、使い代とどちらが衛生的かは一目瞭然《いちもくりょうぜん》。そうはいっても口をつけた箸で分けるのは……と思うなら、取り箸を店の人に用意してもらうと良いでしょう。

忌み箸には、逆さ箸以外にも様々な種類があります。ついやってしまいがちなものばかりなので、ぜひ一度確認してみてください。

忌み箸

逆さ箸
箸を上下逆さに使う

移し箸
箸から箸へ食べ物を渡す

寄せ箸
箸で器を引き寄せる

刺し箸
箸で食べ物を刺す

渡し箸
箸を器の上に渡して置く

迷い箸
器の上で箸をウロウロさせる

涙箸
食べ物の汁を垂らす

ねぶり箸
箸を舐める

No.078

お椀のフタを逆さに閉じるのはタブー

タブー度

和食の店へ行くと、お吸い物の椀物《わんもの》が出てきます。このお吸い物を飲んだ後、あなたはお椀のフタをどうしているでしょうか。

お椀に立てかけておく、逆さにしてトレイに置いておく、など人によって様々ですが、多いのは「フタを逆さにして閉じておく」というやり方ではないでしょうか。「飲み終わりました」という意思表示で出されたときとは違う状態にしているのだと言う人もいますが、実はこの行為はタブーとされているのです。

意外かもしれませんが、**椀物はフタを元通り閉めておくのが正しい作法です。**

お椀は、漆《うるし》が塗られ細かい装飾のほどこされた、非常にデリケートな食器。裏返して閉めてしまうと、お椀に傷がついてしまうことがあります。そのためフタは、出てきたときと同じ状態にしておいた方が良いとされているのです。

わざわざ少しずらして置く人がいますが、これも必要ありません。片づける店員は、手にすれば重さで中が空かどうかぐらいはわかりますし、あえて余計なことをしない方が得策なのです。

ちなみに、椀物のフタがなかなか開かなくてひっくり返してしまったという人もいるかと思います。

こういったときは、無理に引っ張り上げてはいけません。片方の手でフタのつまみの部分を持ち、もう一方の手でお椀の縁をはさむようにして軽く押すと、フタが浮き上がって簡単に開きます。覚えておくと良いでしょう。

No.079

とにかくルールが多いテーブルマナー

タブー度

テーブルマナーというものは、とにかくルールが多くて覚えにくいものです。

最も身近で間違えやすいのが、パスタの食べ方でしょう。

多くの人は、スプーンの上でフォークを使いパスタをくるくると巻いて、口に運んでいると思います。ところがこの食べ方、厳密にはタブーなのです。

本来はミートソースやペペロンチーノなど、平らな皿に盛りつけられた汁のないパスタの場合はフォークだけを使い、スープパスタのように汁気があるパスタの場合のみ、スプーンを使うのが正しいマナー。食べる頻度が高いだけに、覚えておくと良いでしょう。

もちろん、テーブルマナーはこれだけではありません。

左ページに基本的なものをまとめたので、この機会に覚えておきましょう。

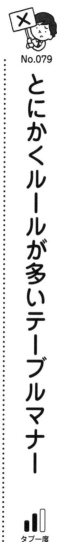

洋食のテーブルマナー

コース料理のときはナイフとフォークが何本もセットされていますが、使うのは外側からです。

食べている途中で皿を下げてほしくないときは、ナイフとフォークを「ハの字」にしておきます。

食べ終わったら、ナイフとフォークは揃えて置いておきます。「下げてください」と声をかける必要はありません。

No.080

バイキングで欲張りすぎるのはタブー

タブー度

バイキング（ビュッフェ）形式の食事は、ホテルをはじめ、レストランやカフェなどでもよく目にする光景です。好きでよく利用する、という人も多いのではないでしょうか。自分の好きなものを選んで食べるだけという手軽さ、しかもリーズナブルとあって、人気の高いスタイルです。

しかし、手軽で人気だからこそ、マナーの違いが目立ってしまうということもあります。

特に多いのが、**皿から溢れそうなほど料理を取ってくる人。これはタブーです。**

「何度も取りに行くのが面倒だから」「絶対食べきれるから」「早くしないとなくなってしまいそうだから」と、理由はそれぞれあるかもしれませんが、本当に食べきれるとは限りませんし、テーブルに戻るまでに落としてしまう可能性もあります。

また、好きなものだけ大量に取り、他の人の分がなくなってしまえば顰蹙《ひんしゅく》を買うということもあります。

何度も料理のところへ足を運び、色んな味を楽しむのがバイキングの楽しさ。横着をせずに、少しずつ取るようにしましょう。

もう一つよく見るのが、**同じ皿で何度も料理を取る人。これもタブーです。**

同じ料理だけを食べるならまだしも、違う料理を一つの皿で食べていては、味が混ざってしまいます。

「一人で何枚もお皿を使うのは……」と遠慮してしまう気持ちもわかりますが、そもそもお皿は料理の味が混ざるのを防ぐためにたくさん用意されているのですから、遠慮せずどんどん変えてしまって構いません。

No.081

立食パーティーでは積極的に交流を！

タブー度

「○○社設立30周年記念パーティー」など、参加人数の多い場では、立食スタイルを取るのが主流。

立食は基本的にバイキング（ビュッフェ）と同じですが、座って食事をするテーブルはなく、少数の椅子が用意されているだけです。

この少数の椅子を長時間占領している人を、立食パーティではよく見かけます。「ずっと立っているのは疲れる」というのはわかりますが、まるで椅子取りゲームのように、料理もそこそこに椅子めがけてまっしぐら……ということをやっている人は、マナー違反です。

立食パーティーの目的は何なのかを考えてみれば、なぜそれがタブーなのかわかります。

立食パーティの一番の目的は、会場内を移動して、たくさんの人と交流することです。

食事をすることだけが目的ではありません。そのため、椅子やテーブルをセッティングせず、会場を広く歩き回れるようにしてあるのです。

少しだけ用意してある椅子は、目上の人やお年を召した人、また疲れた人が交代で使うためのもの。椅子に座ること自体は構いませんが、長く居座るのはやめましょう。

会場へ持ち込む荷物は最低限のものにします。貴重品やハンカチなどをスーツにしまえれば、男性は手ぶらで構いません。女性はどうしても手荷物が多くなってしまうので、小さめのポーチやハンドバッグなどにまとめると良いでしょう。残りはクロークへ預けるようにすれば、立って食事をするのも楽になります。

また、先述のとおり食事がメインではないので、食べることだけに集中せず、周囲の人とどんどん交流するよう心掛けましょう。

No.082

「無礼講」を真に受けすぎない！

タブー度

大きな仕事が成功したとき、昇進したときなど、良いことがあったときの飲み会では、上司が、

「よーし、今日は無礼講だ。どんどん飲めよー！」

などと言ってくれることがあります。みんなで楽しくお酒を飲むのは良いことです。

しかし、いくら「無礼講だ」といわれても、はしゃぎすぎるのはタブー。

どんどんお酒を空けて酔っ払い、上司に絡み、日頃の愚痴をぶちまけて上司に説教を始め、挙句の果てには酔いつぶれて上司に介抱されるなどということがあれば、翌日は上司の長い説教を覚悟した方が良いでしょう。


そもそも「無礼講」とは、「上下関係の堅苦しさを取っ払って、歓談しよう」という意味であり、決して「何をしても良い」わけではありません。

職場の人との飲み会は仕事の延長と考え、たとえ上司から「無礼講」といわれても、自分が目下であるという意識は持っておきましょう。

とはいえ、「ハメをはずさないように」ということばかり気にしてしまい、すすめられたお酒も断り、緊張してガチガチになっているようでは、せっかくの上司の「無礼講」も無駄になってしまいます。最初は難しいかもしれませんが、**「適度にリラックスしつつも、馴れ馴れしく失礼な言動は避ける」**ことを心掛けましょう。

No.083

お酒の注ぎ方・注がれ方

タブー度

お酒の注ぎ方・注がれ方一つとっても、マナーは存在します。「そんな細かいことを」と思うかもしれませんが、意外と年配者は気にしていたりするのです。

面倒くさがらずに、一つの「お作法」として覚えておいて損はないでしょう。

まずはビール。相手に注ぐときは、瓶のラベルが上になるようにします。右手で瓶の腹を持ち、左手を添えるようにすればより丁寧です。また**受けるときは、両手でグラスを持ってから**受けるように。乾杯のときは、目上の人のグラスが上になるようにするのがマナーとされています。

次にワイン。ビールと同じように、ラベルを上にして相手に注ぎます。ボトルの下のほうを片手で持つのが基本とされていますが、重かったりして不安な場合はもう片方の手を添えてもOK。ゆっくりと、グラスの三分目程度まで注ぐようにしましょう。このとき、ボトルの口がグラスにつかないように注意。

また、**注いでもらうときはグラスを持たない**ようにします。

最後に、日本酒。注ぐときは右手の甲を上にして、お銚子の腹のあたりを持つようにしましょう。左手を添えるのも忘れずに。

注いでもらうときはお猪口を持ち、必ず口をつけてからテーブルに置くのがマナーです。特に高級なお店では、お猪口に高価な陶器などを使用していることが多いので、乾杯は静かにゆっくりと行います。

お酒のマナー

ビール

ラベルを上に向けて注ぎます。受けるときは両手で。

ワイン

受けるときにグラスを持たないように注意しましょう。

日本酒

注いでもらったら必ず口をつけるのがマナーです。

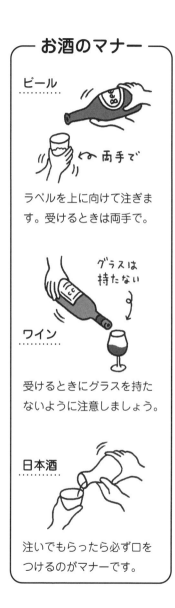

No.084

二日酔いは自己責任！

タブー度

気の合う仲間といると、ついついお酒も進んでしまうものです。

そして翌日、当然のようにやってくる二日酔い。頭はガンガンして、とても起きられない……。こんなことがあるようでは、社会人失格です。

「体調不良で」は、欠勤や遅刻の理由として使い勝手の良い言葉のように取られがちですが、結局はていの良い仮病です。まして、**二日酔いは不意の病気ではなく、自己管理で防ぐことができるのですから、欠勤や遅刻の理由としては通用しません。**

二日酔いの予防には、たくさん水分を摂って過度な脱水を防ぎ、アルコールの分解を促すことが一番です。また、体の血行を良くするために熱めのシャワーを浴びるのも良いでしょう。

ちなみに、効果的と言われる「迎え酒」ですが、これはタブーです。迎え酒で酔うことで一時的に楽になるかもしれませんが、時間が経てば、この酒がまた新たな二日酔いの症状を生んでしまいます。

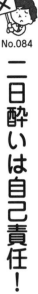

No.085

タバコはきちんと許可を取ってから

タブー度

仕事終わりの居酒屋で一服。タバコが好きな人にはたまらない瞬間です。とはいえ、**人と一緒に食事をしているときはタバコは控えるか、最低でも一言断って吸うようにするのがマナーです。**煙を受け付けない体質の人や、食事がおいしく感じられないという人は少なくありません。

また、目上の人が一緒のときは、なおさら注意が必要です。たとえ上司が喫煙者であっても、断りもなく勝手にタバコを吸い始めるのはタブー。

上司の前では、喫煙は極力控えておくのがベターです。吸う場合は許可をもらうか、あるいはトイレに立つついでに店外の灰皿を利用するといった配慮をしましょう。

No.086

おごってもらったら、きちんとお礼を！

タブー度

上司や先輩と食事に行き、おごってもらえたとき、「ラッキー」とそのまま帰ってしまってはいませんか？　これはタブーです。当たり前のことですが、お金を出してくれた人に対する感謝の気持ちは、きちんと伝えなければいけません。

先輩や上司には、「かわいい後輩のために、普段は厳しくしているが食事ぐらいはおごってやろう」という太っ腹な人も少なくありません。また後輩に良いところを見せたいという気持ちもあるでしょう。

それに対して、後輩はどうしても「おごってもらえるのが当たり前」だと思ってしまいがちです。それではいけません。

最終的に先輩や上司が払ってくれることになっても、少しは自分も払う姿勢を見せましょう。

これはおごってくれる人に対する最低限のマナーです。しかし、あまり「僕が払うから」「いいえ、私が」と意地になって押し問答をするのも考えもの。先輩も格好がつきません。一度払う姿勢を見せ、それでも先輩や上司が払ってくれるというならば、ありがたく厚意を受けましょう。

会計を済ませたら、きちんと「ごちそうさまでした」の挨拶を忘れずにします。

これは仕事の場だけではなく、プライベートなときでも当然のマナー。仮にコーヒー一杯だったとしても、値段は関係ありません。

ちなみに、後日メールなどで再度お礼を言うのも良いですが、人によっては「そこまでされると、うっとうしい」と感じる人もいるので注意。上司や先輩に合わせて、臨機応変に対応しましょう。

No.087

頂き物があれば、きちんと報告をする

タブー度

お中元やお歳暮シーズンになると、取引先などから色々な品物が届きます。大体は会社宛てになっていますが、まれに担当者個人宛てに届くことがあり、困ってしまった人も多いのではないでしょうか。

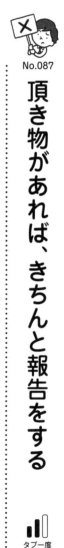

こんなとき、その品物は誰のものになるのでしょうか？

①自分宛てなのだから、自分だけのもの
②自分宛てになっていても、会社のもの

正解はもちろん、**「②自分宛てになっていても、会社のもの」**です。**自分宛てに届いた場合は、上司へ報告するのがマナー。こっそり独り占めはタブーです。**

もちろん報告した上で、「この取引先との仕事は君が担当しているのだから、君がもらいなさい」と言われたら素直に受け取って構いません。

個人的な付き合いもある相手からだと、自宅に届く場合もあります。そういったときはわざわざ会社まで持ってきて「どうしましょうか」と尋ねる必要はありませんが、一応報告はしておくべきでしょう。

公務員や病院、学校などでは贈答品の受け取りを禁止されていることがあるので、万が一自分の会社で禁止されているのであれば、必ず相手に返送します。

その際には、「厚意を無駄にして申し訳ないが、贈答品は受け取れないことになっている」ことを丁寧に伝える書面を必ず添えましょう。そのまま送り返すのは当然タブーです。

また逆に、送った品物が返送されても、「失礼な会社だな」などとは思ってはいけません。しつこく送らないようにしましょう。

No.088

年末年始の挨拶回りは、計画的に

タブー度

　年末年始。仕事もプライベートも何かとバタバタしてしまう時期ですが、ビジネスシーンにおいて、絶対に忘れてはいけない大事なことがあります。

　取引先への挨拶回りです。会社によってそれぞれ慣習があり、一概には言えないかもしれませんが、今回は年末年始の基本的な挨拶の作法を紹介します。


　まずはじめに、自分だけ先走って挨拶に行ってしまわないようにしましょう。**「いつ行くのか」「一人で行くのか、上司と行くのか」といった点を、きちんと上司に確認してから挨拶周りに行くようにします。**もちろんこれは年末・年始どちらの挨拶にも共通して言えることです。

　次にアポイントについてですが、**相手も忙しい時期ですので、早めに予定を確認しておくべ**きだと言えます。**ただし、スケジュール調整がかえって相手の負担になってしまうことを考慮し、アポイントを取らず簡単な挨拶だけで済ませるというケースもありますので、そこは上司**

に確認するようにしましょう。

では、挨拶に行くタイミングはどうでしょうか。**年末は、一般的にクリスマス明けから最終営業日の午前中までがベスト**だとされています。ただし、あまり仕事納めギリギリのタイミングに訪問するのは迷惑になってしまう場合もあるので、注意しましょう。

一方で**年始は、七日（松の内）までに挨拶すると良いと言われています。**それができない場合は、遅くとも十五日（小正月）までには済ませるようにしましょう。

なお、メールで済ませる場合も基本的に同じタイミングで挨拶をしてしまって構いません。

No.089

年賀状は、心を込めて手書きで出す

タブー度

近年はメールでの年始の挨拶も増えてきたとはいえ、従来の年賀状の習慣もなくなったわけではありません。会社や部署全体の連名で取引先などに出す場合は、慣習に従えば問題ありませんが、お世話になった上司や恩師に個人的に出す場合はどうすれば良いのでしょうか。

まず、**面倒くさがって全てＰＣで作成してしまうのはタブー**です。そもそも年賀状とは、「本来なら新年の挨拶に出向くところを、家まで行くことができないので代わりに出す」挨拶状のこと。「とりあえず礼儀として出しておけば良い」という考えは良くありません。

上司にならば「前年は仕事の指導をありがとうございます」というお礼や「今年は昨年以上に頑張ります」という抱負を、恩師にならば「昨年も先生に教わったことを教訓に頑張りました」という報告など、面倒くさがらず、真心を込めて手書きのものを出しましょう。

【第6章】

冠婚葬祭 編

社会に出ると、冠婚葬祭の場に出向くことが多くなります。服装やご祝儀・香典のマナーなど、いざというとき焦らないように、しっかりと準備しておきましょう。

No.090

招待状は「早く」「きれいに」返す

タブー度

社会人になると結婚式やパーティーへ出向く機会も多くなり、招待状を受け取る機会も増えてきます。そんなとき、返信はがきを目の前に「どうやって書けばいいんだっけ」「何かマナーがあったはずだけど……」と困ってしまった経験はありませんか？　いざというとき恥ずかしい思いをしないように、今のうちに返信の仕方をしっかり頭に入れておきましょう。

まず返事についてですが、これはできるだけ早くするのがマナーです。相手も、予定が組みやすくなります。**ただし欠席の場合は即答せず、少し間を置いて返信するようにしましょう。**

筆記用具は毛筆や万年筆を使うのがベストですが、なければ黒のボールペンでもＯＫです。終わりや区切りを連想させる句読点や、別れや不幸を思わせる「忌み言葉」は使わないよう注意します。書き間違いがあった場合、修正ペンや修正液を使うのは好ましくありません。面倒くさがらず、定規を使って二重線を引きましょう。

「返信用はがき」の書き方

宛名の面

返信先の宛名に付いている「行」や「宛」を二重線で消して、「様」と書き直します。これは返信用はがき全般に当てはまるマナーですので、ぜひ覚えておきましょう。

□□□-□□□□
山田 太郎
様 行

文面

「御」や「御芳」など、自分に対する敬語には二重線を引きます。「出席」「欠席」いずれかに丸を付け、下に「いたします」と付け加えます。空いたスペースに一言を書き添えると丁寧です。

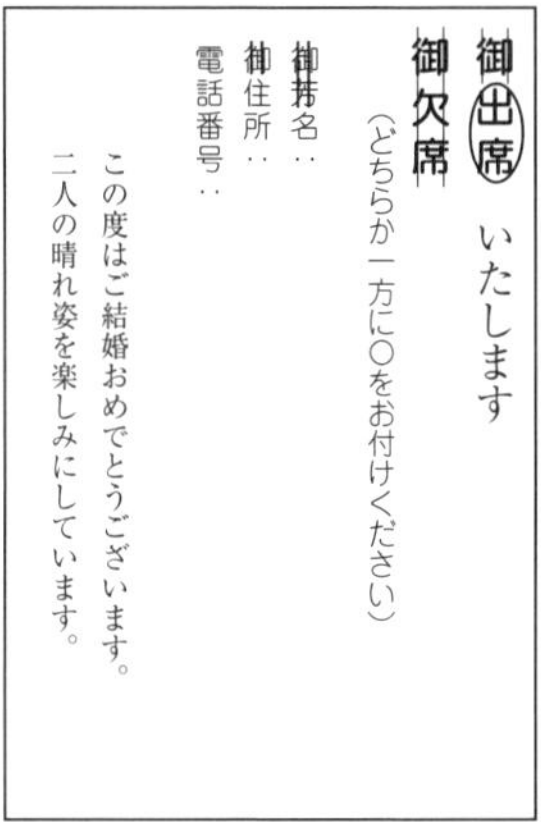
御出席 いたします
御欠席
（どちらか一方に○をお付けください）
御芳名：
御住所：
電話番号：
この度はご結婚おめでとうございます。
二人の晴れ姿を楽しみにしています。

No.091

結婚式で目立ちすぎるのはタブー

タブー度

同僚の女子社員がめでたく結婚。Aさんは、この日のために買った白い清楚なワンピースを着て式に出席しました。

しかし、席についた途端、同じテーブルの先輩は、「白い服なんて着てきちゃダメじゃない」と呆れ顔。その後も、何人もの人に同じことを言われて、恥ずかしい思いをするハメになってしまいました――。

結婚式は女性の一大イベント。花嫁同様、女性参加者も思い切りおしゃれをしたいと思うのも無理はありません。しかし、**結婚式の主役は参加者ではなく、あくまでも花嫁と花婿。二人を引き立たせる気持ちで臨む必要があります。**

女性は、白い服装を避けるのがマナーです。これは、「白は花嫁の色」とされているため。

前述のAさんは、この点を「ダメじゃない」と言われていたのです。

基本的に白以外なら何色でも構いませんが、全身黒では喪服を連想させるので、デザインや素材で喪服っぽく見えないものを選ぶと良いでしょう。

色以外に気を付けたいのはデザイン。いくら華やかな席だからといって、胸元が大きく開いた露出度の高い服や、体のラインを強調するようなデザインは控えるべきです。結婚式では親族や恩師など、年配の人も多く参加しており、そういった人たちに悪い印象を与えかねません。

一方で**男性の服装はどうでしょうか**。少し前までは黒の礼服に白いネクタイが基本でしたが、最近は自由度も高くなってきています。**スーツの柄やネクタイの色など、さりげないおしゃれを楽しむのも良いでしょう。**

ただし、スーツはあくまで暗めの色を選び、目立ちすぎないように気を付けます。また、殺生をイメージさせる動物柄や、白い靴下もタブーです。

式は長い上に食事も出されるので、それに耐えられる余裕があり、かつ華やかで万人に印象が良い服装を意識しましょう。

No.092

結婚式のスピーチは、新郎新婦を立てる

タブー度

式でのスピーチを会社の上司に頼む人は少なくありません。普段厳しい上司が会社での頑張りを熱く語ってくれるのは、恥ずかしくもあり嬉しくもあるものです。

一方頼まれた上司、特に大勢の前で話すのが苦手という人にとっては、一世一代の大仕事。「もし頼まれたらどうしよう……」と、今から不安な人も多いのではないでしょうか。

まずはタブーの例として、Aさんの上司のスピーチを見てみましょう。

「A君は若くして様々な苦労を乗り越えてきました。二浪して入学した一流大学を卒業し、入社した会社が、その年に経営不振で業務を縮小。大幅なリストラが実施され、彼もその波に飲まれる形で、退職を余儀なくされました。私もリストラにあった経験がありまして、それはそれは非常につらい思いをしました。そんなときに拾ってくれたのが今の会社の社長でありまして、社長には頭が上がりません。そもそも私と社長との出会いは……」

いかがだったでしょうか？

少し大げさな例ですが、このようなデリカシーのないスピーチはタブーです。

結婚式は、一生に一度の舞台。晴れやかな門出を明るく祝うのが、参加者たちの役目であり使命でもあります。それなのに、**スピーチであまり思い出したくもない暗い話を持ち出されては、新郎新婦もたまったものではない**でしょう。

また、**自分の身の上話を長々としてしまうのもタブー**です。

あくまでも主役は新郎新婦だという意識を持ちましょう。

難しく考えすぎる必要はありません。「新郎新婦を笑顔にする」ということを第一に心掛けましょう。

No.093

祝儀のマナー

タブー度

服装やスピーチと並んで、結婚式で毎回困ってしまうのが、祝儀についてではないでしょうか。「いくら包めば良いのか」「包み方は？」「どんな数字は避けるべきなのか」……いざ祝儀を包むとなると、様々なマナーや決まり事を守らなければいけません。

まず、包む金額ですが、これはその人との関係によって変わります（左ページ参照）。**包む金額に関わらず、お札は必ず新札を使うようにしましょう。**「あなたのために以前から用意していました」という気持ちを表すことができます。

受付で祝儀を渡すときは、「おめでとうございます」と一言挨拶をし、受付側に向けて両手で差し出します。このとき、袱紗（祝儀袋が汚れないように包む布）があれば、畳んでその上に祝儀袋を置くようにしましょう。

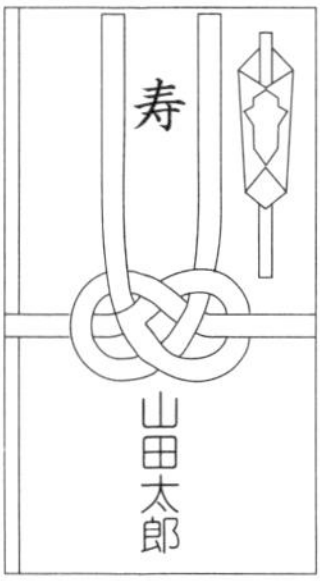

名前は、濃い墨ではっきりと。連名の場合は中央に目上の人の名前を書き、左に続けます。4名以上での連名の場合は、中央に代表者の名前を書き、左下にやや小さく「外一同」と書きます。

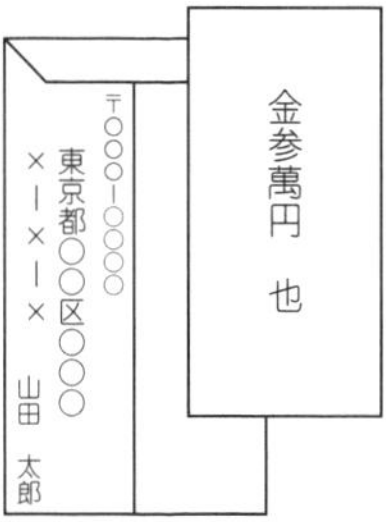

表面の中央には「金○萬円 也」と書きます。裏面の左下には自分の住所と氏名を。連名の場合は、別紙に人数分の住所と氏名を書いて同封します。紙幣は顔が印刷されている方を表、上側にして入れます。

お祝い金の相場	20代	30代	40代
友人や同僚	2～3万円	3万円	3～5万円
勤務先の上司や部下	3～5万円	3～5万円	3～5万円
兄弟姉妹	3～5万円	3～10万円	5～10万円
親戚	3万円	3～5万円	5～10万円

※末広がりの「八」は、縁起の良い数字とされていますが、一方で「死」を連想させる4や「苦」を連想させる9はタブーとされています。

※割り切れる数である偶数は縁起が悪いとされていましたが、最近は気にしない人も増えてきました。偶数を避ける場合は「一万円札を1枚と五千円札を2枚」など、お札の枚数で調節することもあります。

No.094

「重ね重ね」などの忌み言葉はタブー

タブー度

友人の通夜に参列したAさん。小さいころからお世話になった友人の両親に一言挨拶をしておこうと、このように話しはじめました。

「このたびはご愁傷さまです。○○君とは切っても切れない仲で――」

一見、心のこもった丁寧な言葉のようですが、実はAさんはタブーを犯してしまっています。

「忌《い》み言葉」をご存知でしょうか。**「別れ」や「不幸」を連想させる言葉を「忌み言葉」と呼ぶのですが、これは縁起が悪いとされ、冠婚葬祭《かんこんそうさい》の場では使うのはタブーとされています。**先ほどの例でAさんは、別れを連想させる「切る」という言葉を使ってしまっていたのです。

最近は気にしないという人も増えているようですが、覚えておいて損はないでしょう。

「忌み言葉」の一例

別れや関係の悪化を連想させるもの

離れる、切る、分かれる、落ちる、戻る、飽きる、帰る、冷める、返す、散る滅びる、負ける、衰える、破る、ほころびる、枯れる

不幸を連想させるもの

忙しい、痛い、とんでもない、欠ける、もめる、悪い、倒れる、捨てる、壊れる、病む、放す、逃げる、断る、流れる

悪いことの繰り返しを連想させる「重ね言葉」

重ね重ね、しばしば、たびたび、わざわざ、たまたま、かえすがえす、くれぐれも、時々、重々、次々

※「どんどん」「ますます」「みるみる」など、後ろに良い言葉が続くようなものは、あまり気にしないという人も多いというのが現状です。

※また、特に若い人は「忌み言葉」自体をあまり気にしないというケースも増えてきています。

No.095

喪服は、死者を悼む気持ちを示すもの

タブー度

夏のある日、同僚の親が亡くなったという報告が入り、社内では翌日の葬儀に社員全員が参列することに決まりました。

翌日、式場に集まった関係者の中には社員の姿も見えます。ところが、一人の女性社員の格好を見てびっくり。

「ねえねえ、その格好……よくないんじゃないの？」

手で風を仰ぎながら「そうですか？」と驚く彼女は、全身黒ではあるがノースリーブにミニスカート。生足にミュールを履いていたのです。

いくら暑い日とはいえ、**葬儀に参列するのにノースリーブやミニスカートといった、肌の露出の多い格好はタブー**。黒で統一すれば何でも良いというわけではありません。

服装に制限があるのは、「服装で死者を悼む気持ちを示す」という意味があるため。普段どおりのラフな格好や、目のやり場に困るような露出の多い格好では、死者へ対しての気持ちが感じられません。

葬儀での正装は、男性は黒の礼服に黒いネクタイ。女性は、黒のオーソドックスな形のワンピース・もしくはツーピースとされています。夏場は半袖や五分袖・七部袖でも構いませんが、ノースリーブは控えましょう。足元は黒のストッキングに、黒いパンプスを履きます。素足にサンダルやミュールは、もちろんタブーです。

アクセサリーは真珠のものなら良いとされていますが、派手なデザインのもの、二連になっているもの（つながる・かさなるという見た目から、「死が重なる」を連想させる）はNGです。化粧は薄めで、マニキュアや口紅の色も控えめにしましょう。

社会人になると知り合いも増え、嬉しいことではないですが葬儀への参列の機会も増えてきます。喪服やカバンなどを、社会人になったときに一揃え用意しておくと良いでしょう。

No.096

遺族に死因を聞くのはタブー

タブー度

上司の奥さんが亡くなったと聞き、通夜にかけつけた社員。意気消沈している上司の姿を見ていると心が痛みましたが、同時に「何で亡くなったんだろう?」という疑問も湧いてきました。さすがに上司に直接聞くのは不謹慎だろうと思ったので、彼の親戚に奥さんの死因を聞いてみたのですが……。

こんなことをやっている人がいたら、間違いなく周囲の反感を買うでしょう。

常識的に考えて、人の死因など聞きまわって良いはずがありません。「棺《ひつぎ》に納められた遺体をカメラ付き携帯で撮影した」などという信じられない話も実際に聞きますが、めったに起こらない「人の死」を興味本位で扱うなど、失礼極まりないことです。**たとえ一度も会ったことのない人の葬儀であっても、興味本位や惰性《だせい》で参列せず、一人の人間が亡くなったことへの弔《とむら》いの気持ちをきちんと捧げるつもりで臨みましょう。**

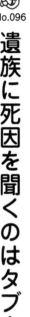

No.097

お見舞いに喪服を持ち込むのはタブー

タブー度

「親戚が危篤《きとく》なので早く病院に」と言われれば、不謹慎ながらも亡くなった後のことも考えてしまうもの。実家を離れ遠方で暮らしている人は、亡くなってからわざわざ喪服を取りに帰っている暇もないかもしれません。

そこで「喪服一式をあらかじめ持って行っておこう」という考えが浮かびます。これ自体はマナー違反ではありません。

やってはいけないのは、見舞いに喪服を着て行ったり、病室へ持ち込んで患者や家族の目に触れること。これは絶対にタブーです。

コインロッカーなどに預けておくようにしましょう。

喪服とは人が亡くなってから着るもので、まだ命ある人のもとへ着ていくのは、大変失礼なことなのです。

No.098

香典のマナー

タブー度

結婚式の祝儀と並び、香典《こうでん》にも多数のマナーが存在します。いざというときに焦らないように、しっかりと確認しておきましょう。

包む金額は、祝儀と同じようにその人との関係によって異なりますが、全く異なる点も存在します。それは**「新札を包まない」**ということです。**あたかも「前もって用意していた」という印象を与えてしまい、これはタブーだとされています。**しかしだからといって、あまりに汚れていたり、シワシワだったりするお札も好ましくありません。「取り急ぎ準備した」という感じが出るような程よく使用感のあるお札か、新札に軽く折り目を付けたものを用意するのが無難です。

受付ではまず「このたびはご愁傷様でございます」とお悔やみを述べてから、香典を渡します。祝儀同様、袱紗《ふくさ》があれば畳んで、その上にのせて渡すようにしましょう。

「悲しみの涙で薄まった」という意味を込め、名前は薄い墨で書きます（ただし気にしない人も多い）。連名の場合、書き方は祝儀袋と同じです。表書きは宗派によって異なります。事前に調べておくのがベストですが、できない場合は「御霊前」としておくのが無難です。

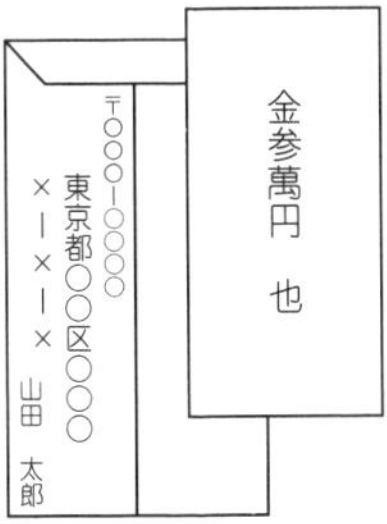

同じく薄墨で、中央に「金〇萬円 也」と書きます。裏面や別紙も薄墨で、書き方は祝儀袋と同様です。紙幣は顔が印刷されている方を裏、下側に向けて入れます。

香典の相場	20代	30代	40代
両親	3～10万円	5～10万円	10万円～
祖父母や親戚	1万円	1～3万円	3～5万円
友人・会社の同僚	5千～1万円	5千～1万円	1万円～
知人	5千円	5千～1万円	5千～1万円

※祝儀同様、「死」を連想させる4や「苦」を連想させる9はタブーとされています。

※偶数は、「割り切れる＝故人とのつながりが切れる」と考えられ、良しとされていません。

No.099

見よう見まねの焼香では恥をかく！

タブー度

葬儀は見ているだけの結婚式と違い、焼香をしたり献花をしたりといった、参列者が行う動作が多いものです。しかし、そう一生に何度も参列するわけではないので、やり方がよくわからず他者の見よう見まねで……という人も多いのではないでしょうか。

そんな儀式の中でも、特にわかりにくいのが焼香の作法です。

焼香には、棒の線香を刺す形と、粉状の線香（抹香）をつまんで行う形とがあります。

棒の線香のとき、ろうそくからつけた火を消そうと息を吹きかけている人がいますが、これはタブー。

『人間の口から吐く息は穢れているので、仏様に向けてはならない』とされているからです。「火を消す」というと、無意識に息を吹きかけてしまいそうになりますが、線香を持った手とは反対の手で仰いで消すのが正しいやり方。ろうそくに線香を近づけるときから慎重に行い、火が大きくつきすぎてしまったりしても慌てないようにしましょう。

抹香をつまんで行う焼香は、親指・人差し指・中指で焼香を少しつまみ、軽く頭を下げて額の辺りまで捧げます。その後つまんだ焼香を、軽くこするようにしながら香炉へ入れるのが正しいやり方です。

これを3回ほど繰り返しますが、繰り返す回数は宗派や参列者の多さによって変わることがあるので、あらかじめ宗派を聞いておいて調べるか、周りの人を見て判断すると良いでしょう。

No.100

お見舞い品に鉢植えの花はタブー

タブー度

入院見舞いの品といえば、何を思い浮かべるでしょうか。多くの人は「花が無難ではないか」と答えるでしょう。

殺風景な病室で寝かされている入院患者にとっては、色鮮やかな花のプレゼントは嬉しいものです。本やＣＤなどは相手の趣味を細かく知る必要があるし、食べ物は病院で規制されているかもしれない……そういった面からも、花は手堅い見舞い品と言えます。

しかし、**花は花でも鉢植えの花を持って行くのはタブー**。

「鉢植えなら手入れも楽だし、いいんじゃないの?」

と思うかもしれませんが、**鉢植えの植物は「根が張る」ことから、「病院に根づく、病院から離れられない」と連想させてしまい、縁起が良くないとされている**のです。

他にも、**ツバキのように花がそのまま落ちるもの（首が落ちることを連想させる）や、仏花である菊、血を連想させる真っ赤な花、ユリ・バラなど香りの強い花も、見舞いには不向き**です。

アレルギー反応の出やすい植物も気を付けましょう。見舞いへ行く前に相手の症状がわかっているなら、あらかじめアレルギーの心配なども考慮し、花屋で聞いてみるのも手です。

特に年配の人への見舞いには注意が必要。若い人ならあまり気にしていないようなことも、年配の人は気にしているというケースも多々あります。花束を作ってもらうか、カゴに入ったアレンジメントにするのが無難でしょう。

今さら聞けない
社会人としての100のタブー

2019年7月23日　第1刷

編　　著　社会人マナー研究会
発 行 人　山田有司
発 行 所　株式会社　彩図社
東京都豊島区南大塚3-24-4
MTビル　〒170-0005
TEL：03-5985-8213　FAX：03-5985-8224
印 刷 所　シナノ印刷株式会社
イラスト　後藤亮平

URL http://www.saiz.co.jp　Twitter https://twitter.com/saiz_sha

© 2019.Shakaijin mana kenkyukai Printed in Japan.
ISBN978-4-8013-0380-5　C0036

落丁・乱丁本は小社宛にお送りください。送料小社負担にて、お取り替えいたします。

定価はカバーに表示してあります。

本書の無断複写は著作権上での例外を除き、禁じられています。

本書は、2006年3月に小社より刊行された『やってはいけない！ 社会人としての100のタブー』を改訂したものです。